U0525816

法律与科技译丛

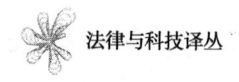

欧洲一体化技术
立法标准驱动下法律信息系统的互联互通

〔意〕恩里科·弗朗西斯科尼 著
黎娟 许天问 译

商务印书馆
创于1897
The Commercial Press

Enrico Francesconi
**TECHNOLOGIES FOR
EUROPEAN INTEGRATION**
Standards-based Interoperability of
Legal Information Systems
Copyright © 2007 by European Press Academic Publishing
根据欧洲新闻学术出版社 2007 年版译出

❖ 作者简介

恩里科·弗朗西斯科尼（Enrico Francesconi）

意大利佛罗伦萨大学计算机科学专业电子工程硕士、博士。现任欧洲议会政策官员，意大利国家研究委员会法律信息学和司法研究所主任，意大利佛罗伦萨大学数学、物理和自然科学学院"信息检索和语义网技术"讲座教授。曾任国际人工智能与法律协会 2020-2021 届主席（2018-2019 届副主席）、第十四届国际人工智能与法律（ICAIL 2013，罗马）大会主席，欧盟委员会出版办公室的政策官员，意大利和欧洲"为法律文件定义 XML 和 URI 标准"工作组成员，意大利司法部驻欧盟理事会"e-Law"工作组代表。主要研究领域为法律领域的语义网技术、法律本体和知识表示、电子政务、电子参与的 AI 技术、欧洲文件文本集语义模型。

❖ 译者简介

黎娟

中南大学法学院副教授，荷兰蒂尔堡大学法学博士。主要研究方向为法律人工智能、法学理论、法社会学。

许天问

浙江大学光华法学院助理研究员、数字法治实验室成员。主要研究方向为法律人工智能逻辑、法学理论。

译者序

2019年，时任国际人工智能与法律协会（IAAIL）副主席的恩里科·弗朗西斯科尼教授，与彼时分别担任该学会主席和秘书长的维赫雅教授（Bart Verheij）和贝克斯教授（Floris Bex），一同受邀来到中国，参加由中国人工智能学会和中南大学共同主办的"法律人工智能前沿问题"国际学术研讨会。会后，三位教授旋即又投入到由维赫雅教授和浙江大学光华法学院熊明辉教授共同发起的"法律人工智能春季工作坊"的公益学术授课中。考虑到工作坊授课内容的前沿性和交叉性，我们主动承担起"助教"一职，为学员们实时翻译法律人工智能领域的专业术语，同时解答相关知识要点。弗朗西斯科尼教授讲授的主题是法律信息管理与知识建模、语义网技术。为了使学员们对授课内容有更直观、深入的理解，他结合自身多年担任欧洲和意大利立法标准工作组成员的经验，向学员们展示了电子法律起草等现代立法技术的应用和实践案例。而学员们的好奇心和不断的追问也引起了弗朗西斯科尼教授的关注。课后，他向我们提起，他在一本英文专著中对法律信息系统以及语义网技术

i

的应用做了更为全面系统的介绍。这便成为翻译本书的缘起。

《欧洲一体化技术——立法标准驱动下法律信息系统的互联互通》一书的作者弗朗西斯科尼教授是欧盟法律标准、法律起草活动的专家，多年来一直积极推动和组织将人工智能技术应用于法律文档分类和知识提取。他是意大利和欧洲建立可扩展标记语言（XML）和统一资源标识符（URI）立法标准工作组的成员，一直负责意大利共和国参议院、司法部和最高法院之间的合作。作为意大利司法部驻欧盟理事会的e-Law工作组代表，弗朗西斯科尼教授参与了欧盟委员会电子参与框架（信息社会与媒体总局）计划的多个项目，以及欧洲共同体官方出版物办公室的多个项目，并担任欧洲议会的顾问，为立法工作流程引入和管理语义网技术。他同时主持电子司法服务的e-Codex项目和欧洲数字市场发展的e-SENS项目。

弗朗西斯科尼教授也长期活跃在人工智能与法律的研究领域。他于2014年至2021年期间一直担任国际人工智能与法律协会执行委员会成员，并于2018年和2020年先后担任协会的副主席和主席。他曾于2013年担任在罗马举行的国际人工智能与法律会议（ICAIL）的轮值主席。自1992年《人工智能与法律》（*Artificial Intelligence and Law*）期刊创刊以来，弗朗西斯科尼教授就担任期刊"本体论和知识表示"专题的编辑，任《法律开放获取》（*Journal of Open Access to Law*）期刊主编、施普林格"法律、治理与技术"丛书科学顾问委员会成员。

《欧洲一体化技术》一书围绕欧洲一体化过程中"欧洲法律信息的统一化"的主题展开。欧洲一体化进程中一个极为重要的议题便是，通过整合欧盟以及各成员国的法律信息，实现欧盟机构和公民对信息的可及性和重新利用。在信息社会，法律信息的供给和传播途径变得多元，政府部门、商业机构和公民可以更加方便、快捷地获取法律信息。然而，在缺乏统一法律信息标准的情况下，法律信息的传播仍处于一种低效、无序的状态，人们获取和利用法律信息的成本也居高不下。弗朗西斯科尼教授指出，制定法律信息标准，尤其是为立法文件的识别、结构和语义标注定义标准，是实现法律信息系统和应用程序之间互联互通的一个必要前提。而从信息社会迈向知识社会，人们则首先面临着如何利用技术进步，克服知识获取和知识管理等障碍。对此，弗朗西斯科尼教授提出，利用语义网的技术优势，机器可以具备与人类一样的理解和处理法律信息的能力，为用户提供法律信息获取和知识管理的高级服务。

在本书中，弗朗西斯科尼教授呈现了欧洲法律信息统一化过程中，欧盟以及各成员国基于语义网技术建立的法律信息标准、信息资源与信息系统，全面展示了欧盟以及各成员国是如何将这些标准和系统融入立法实践，以便使立法文本在源头上成为标准化、机器可读且具有互通性的法律数据，并分析了如何利用语义网的技术优势解决立法工作中存在的实际问题。弗朗西斯科尼教授提出，从构建法律本体出发制定法律信息标准，可以促进法律信息和知识在欧盟层面以及成员国之间的交流和传播，并最终实现提升信息可及性、提高立法质量和完善法律信息管理等多元化目标。

通过本书，作者致力于推广一种结合标准化法律信息系统和语义网技术的集成方案。该方案的目标是，以低廉的成本高效管理和处理法律信息，满足数字社会中立法部门、大学和研究机构以及商业主体的个性化信息需求。更为重要的是，公民凭借标准化法律信息，能够打破知识壁垒，成为具备渊博法律知识的专家。本书所展示的思路以及技术细节对致力于研究、开发或者应用法律信息标准化项目的学界、产业界和商业平台机构具有重要的学术价值和实践参考意义。

  本书的翻译分工如下：黎娟负责前言，导论，第二、六章，索引，缩略语表；许天问负责第一、三、四、五章，参考文献，附录。全书由黎娟负责统稿。

黎娟 许天问

2023年7月13日于长沙

目 录

前言 ··· 1
导论 ·· 13

第一章 "语义网规范"项目 ··· 17
第一节 "语义网规范"标准 ·· 19
一、"语义网规范-统一资源名称"标准 ·· 20
二、"语义网规范-可扩展标记语言"标准 ··· 23
第二节 条款模型 ·· 26
一、立法文本的轮廓 ·· 27
二、条款的语义 ·· 28
三、条款模型的应用 ·· 29
第三节 "语义网规范"标准的新版本 ··· 30

第二章 立法标准化中的其他方案 ·· 33
第一节 欧洲方案 ·· 33

v

一、"元数据法律"……………………………………………… *34*
　　　二、"SDU BWB"………………………………………………… *36*
　　　三、"莱克斯达尼亚"…………………………………………… *36*
　　　四、"表征瑞士法律文本的数据标准"………………………… *37*
　　　五、"电子法律"项目…………………………………………… *39*
　　　六、"法律可扩展标记语言"…………………………………… *41*
　　　七、"法律和咨询部门元数据计划"…………………………… *42*
　　　八、"英国元数据框架"………………………………………… *42*
　　　九、"电子出版物形式交换"…………………………………… *43*
　第二节　泛欧洲"欧洲标准化委员会/元数据法律"倡议……… *44*
　　　一、"欧洲标准化委员会/元数据法律"的设计
　　　　　模式准则………………………………………………… *46*
　　　二、"欧洲标准化委员会/元数据法律"的
　　　　　主要特征………………………………………………… *49*
　第三节　非洲倡议："阿科玛·恩托索"项目…………………… *55*
　第四节　亚洲倡议………………………………………………… *56*
　第五节　美国倡议………………………………………………… *59*
　　　一、一个制度性案例：美国国会众议院的可扩展
　　　　　标记语言………………………………………………… *59*
　　　二、一个非制度性案例："法律资源描述框架"…………… *61*
　第六节　澳大利亚倡议…………………………………………… *62*
　　　一、"颁布计划"………………………………………………… *62*
　　　二、"司法部门元数据计划"…………………………………… *65*

第三章　立法标准的实施工具…………………………………… *66*
　第一节　既往内容的处理工具…………………………………… *67*

目 录

  一、可扩展标记语言法律链接器 ………………… 68
  二、可扩展标记语言法律标记器 ………………… 70
  三、可扩展标记语言法律分类器 ………………… 73
  四、可扩展标记语言法律提取器 ………………… 73
 第二节 立法编辑器 ……………………………………… 74
  一、可扩展标记语言立法编辑器 ………………… 74
  二、规范性文件起草编辑器 ……………………… 87
  三、"元数据法律"法规起草环境编辑器 ……… 89

第四章 立法文本语义的自动识别 ………………………… 93

 第一节 可扩展标记语言法律分类器的实现 …………… 95
  一、文档表示 ……………………………………… 95
  二、分类算法 ……………………………………… 98
  三、实验结果 ……………………………………… 103
 第二节 可扩展标记语言法律提取器的实现 …………… 107
  一、句法预处理 …………………………………… 109
  二、语义标注 ……………………………………… 110
  三、实验结果 ……………………………………… 113

第五章 欧洲项目中的立法标准 …………………………… 115

 第一节 "埃斯特莱拉"项目 …………………………… 116
  一、法律知识交换格式 …………………………… 118
 第二节 "电子参与"倡议 ……………………………… 122
 第三节 "达洛斯"项目 ………………………………… 122
  一、应对欧盟法律起草的多语种法律场景 …… 125

二、一个法律语义词典："面向知识分享的法律本体"
　　　　数据库································· *128*

　　三、"达洛斯"资源的设计························ *129*

　　四、"达洛斯"资源实现的各阶段···················· *133*

　　五、词汇层的实现····························· *134*

　　六、本体层的实现····························· *145*

　　七、应用程序原型····························· *149*

　　八、结论··································· *155*

第四节 "希尔"项目······························· *156*

　　一、起草环境达标标准·························· *157*

　　二、"希尔"项目的文件仓储库···················· *159*

第六章 立法过程技术的视角································· *162*

第一节 立法环境································ *163*

第二节 元起草环境······························· *164*

第三节 规划新法案的过程·························· *165*

　　一、定义待规制的场景·························· *166*

　　二、构建条款实例（规划）······················· *167*

　　三、条款编组为正式分区（聚合）··················· *168*

　　四、生成条款和标题文字（生成）··················· *168*

第四节 元起草环境软件架构························ *169*

　　一、条款和参数模型··························· *170*

　　二、待规制场景模型··························· *171*

　　三、可视化条款管理器·························· *171*

第五节 结论····································· *174*

目 录

参考文献 …………………………………………………… *176*
索引 ………………………………………………………… *188*
缩略语表 …………………………………………………… *194*
附录：法律人工智能的寒冬、盛夏与夏日畅想 ………… *199*

图表目录[*]

图 3.1　LEX 概览 ·· 69
图 3.2　LEX 编译器与 YACC 编译器的协同运作 ······················· 70
图 3.3　可扩展标记语言立法编辑器（xmLegesEditor）的
　　　　软件体系结构 ·· 79
图 3.4　可扩展标记语言立法编辑器环境 ··································· 84
图 3.5　意大利规范性法律文件起草编辑器（Norma-Editor）········ 88
图 3.6　"元数据法律"法规起草环境编辑器（MetaVex）············ 90
图 4.1　运用多类支持向量机解决多分类问题 ··························· 102
表 4.1　类别（条款类型）与实验中被归入每一类别的
　　　　文件数量 ·· 103
表 4.2　朴素贝叶斯算法在不同文档表示法与特征选取策略
　　　　下的详细结果 ·· 104
表 4.3　多类支持向量机算法在不同文档表示法与特征选取
　　　　策略下的详细结果 ·· 105

---

[*] 译者制作。

表4.4	最佳多类支持向量机分类器的混淆矩阵	106
表4.5	对不同条款类型的基于框架的描述	107
图4.2	输出样例（可扩展标记语言专有句法）	109
表4.6	可扩展标记语言法律提取器的实验结果	113
图5.1	"达洛斯"资源的知识组织系统	131
表5.1	自动生成的TermBank术语库摘录	138
表5.2	术语提取器（TermExtractor）的结果	142
表5.3	词性标注序列	144
图5.2	示例：概念被表述为一个法律情境的子类	148
图5.3	可扩展标记语言立法编辑器"达洛斯"原型截图	151
图5.4	额外的"达洛斯"操作面板	153
图5.5	"希尔"项目文件仓储库的体系结构	160
图6.1	起草与元起草	164
图6.2	条款模型部分的分类（义务模型的层级路径）及其网络本体语言的表示	170
图6.3	可视化条款管理器和条款聚合过程的结果	172
图6.4	建构文档结构树	173
图6.5	新法案的"语义网规范-可扩展标记语言"骨架以及"所见即所得"视图	174

前　言

欧洲一体化的重心之一是欧洲法律信息的统一化，其旨在促进欧盟及其成员国之间法律信息的获取、集成和重新利用。为了实现这一目标，除利用现有的信息技术外，还需要构建一个对技术做出协调与合作性部署的框架。而搭建框架的一项关键性要求就在于，采用法律信息的共享或者互联互通标准，并利用基于因特网的技术，使法律资源能够被访问、交流、处理和集成，同时促进互联网技术的发展。

以上目标在法律信息管理当前的发展趋势下显得尤为重要。

第一个也是最基本的趋势，是法律信息数字化的快速发展。越来越多的法律文本和数据以电子文本的形式获取，诸如法律、法规、行政决定、判例法、合同、财政数据、法庭审理文本等。

实现法律信息的数字化，不仅要求计算机支持起草的文档及其电子分发的一体化，也需要利用可靠的技术，以确保电子文件（如电子签名）的真实性和完整性。电子法律文书不再仅仅被当作原始纸质文件的副本，而成为正式的法律文本。以电子格式编制私人契约和行政法案，并将其存储到用电脑处理的数据库中，目前已成为许多发达国家的通行做法。

法律信息数字化趋势随着电子商务和电子政务的推广而进一步发展。由于交换协议通过电信网络而缔结，同时，协议采用的是电子文档格式，因而，那些通过行政机关之间以及行政机关与公民之间的电子交互而形成的行政决议也呈现为电子文档格式。近期，电子政务发展中对法律影响较大的是在线信息处理（或远程信息处理）。在线信息处理使得文档在法院所有内部用户（职员、法官等）和外部用户（律师、专家证人等）之间实现了双向交流，并保障应用程序上的互联互通。当在线信息处理执行到位，那么，所有不同层级司法机关的司法判决将储存为电子文档，同样，包括诉讼各方的所有行为、每一个流程性文档以及诉讼记录等也会以电子数据的形式保存到书记员的办公电脑中。最后，还需要有一些法律文本电子发布的经验，这样的话，即便原始法律文本也可以采用电子文档的形式，由有权机关或者相关主体（例如，意大利国家元首）以电子签名进行认证。

第二个趋势，与第一个趋势同步，体现为法律对互联网的"进入"（moving into）。数字化法律信息在摆脱传统的纸质文档后，经由计算机处理和网络传输，得以"栖息"在所谓的网络空间这一不断扩张的虚拟世界中。互联网包含许多法律资源，已在多个领域为律师和公民提供主要的信息来源。人们可以通过万维网查询到各种制定法文本、海量的判例以及法律评论和案件点评（同时也涌现出大量的关于数字化法律的学说）。因此，万维网不仅仅是一个庞大的法律信息存储库，也成为人们争论法律问题的开放论坛。

此外，互联网（通过与行政机构内部的计算机网络的接合）也成为了法律信息的交换场所，许多具有法律约束力的文本得以在交换中产生。随着相关的法律程序——包括电子政务框架下行政行为发生的程序、在线诉讼司法裁决的程序,等等——通过互联网(或内部网)通讯交换而发生,网络空间的法律相关性随之改变。互联网不仅是人们搜索真实世界发生的法律事件的场所,它本身也成为许多法律事件的发生地,从而构成了法律世界的一个重要部分。

第三个趋势,与前两个趋势密切相关,涉及的是文本性法律信息表征格式的标准化问题。众所周知,互联网的优势在于包容性和开放性。人们可以访问互联网上的任何信息,也可以向联网的计算机上传(受一般性法律约束的)任何信息。不过,为了实现网络成长与发展的目标,设立一个中心化的机构是没多大必要的。一般来说,何种信息能够从网络上获取,取决于网络服务商的去中心化服务和网民对信息的共同生产和创造。然而,为了让分散化的网民能够访问并且适当处理信息,就有必要根据共享的机器可读标准或者协议,对信息进行编码和解码。

标准可能在不同的层面涵盖法律信息的各个方面,这些层面包括:确定使信息可通过万维网(Web)访问的通信协议,文档排印外观的方式,指向其他文档的链接,文档的结构(譬如,按照"章""节"设置和安排文档的层次结构),等等。确立计算机信息可处理的标准,成为当今信息社会公共政策中的一项关键议题。

标准化有利也有弊。一方面,标准化潜藏着下列风险:(a)标准无论好坏,一经确立,就会传播。人们为了满足其参与网络通信的需求,往往不得不接受这些刚刚确立起来的标准;(b)私有化标准或者相关的算法仅仅在特定条件下才会对外披露，甚至因最终成为了知识产权的客体而阻碍竞争；(c) 遵守标准可能会遏制创新和多样性。另一方面，共享适当的开放标准，将有力地推动知识社会架构下的技术进步、合作与竞争。

第四个趋势体现在改变上，即从当前基于文本的万维网（text-based web）转向所谓的语义网（semantic-web）。这意味着，通过互联网获取的法律信息，可以更多地从内容上（或意义上）进行处理，而不单单被视作纯文本（即作为单词序列，供人阅读）。实现这一转变，首先需要在自然语言文本中嵌入特定的计算机可读规约。目的不同，处理嵌入的方式也不同。这些目的包括：检索文档、访问相关信息、确定当前有约束力的内容、适用文本中确立的规则，等等。转变通常使用可扩展标记语言标注获取法律文档中的元文本信息，辅之以网络本体语言（OWL）之类的语言以明确概念架构，以及利用规则-可扩展标记语言（RULE-XML）中的逻辑扩展来捕获法律规则的逻辑结构。

在出台了能够标识出法律文书中经删减和修改内容的标准后，现行有效的法律文本得以进行自动化构建。更多的元信息经由因特网嵌入法律文本中，能够实现概念信息检索的目标，尤其是根据所涉法律领域的概念分析（即本体），实现文档索引的目标。

第五个趋势正处于初始阶段，关涉的是法律条文的可执行表征。这就意味着，计算机系统除了帮助人们获取法律文本之外，还能够直接应用文本所包含的（或者链接指向的）法律规定，或者辅助人类执行此项任务。这一现象正发生在以下两个领域。

一个领域是电子商务中开发的用于自动签约的高级系统。

前　言

这些系统根据单项洽谈的协定结果（特别是在数字版权管理中），为货物和服务的交付创建有约束力的契约内容。为了使这些系统同时与人类和其他类似系统进行正确且有意义的交互，一个必要前提是，交互主体使用相同的规范性立场（权利和义务）的表征方式和法定资格。

　　另一个领域是为行政机构开发的基于规则的大系统。这些系统通过自动执行相应的推论规则（计算税收额、评估权利等），协助行政机关工作人员和公民适用法律规则。以上自动签约系统和用于行政管理的基于规则的系统，都为规范信息表征提供专有语言。然而，一种系统的语言不能转化为另一种语言。原因在于，语言之间无法保证互通性且缺乏共享标准，因而，使用这些语言可能会阻碍新应用程序的开发，阻滞不同系统之间的通信，并且在总体上减少竞争。

　　第六个趋势是法律信息供给的日益多样化。20世纪70年代，欧洲最先出现在线提供法律信息的国家公共系统。在美国，私营公司从一开始就发挥主要的作用。80年代，在遭遇公共系统危机之后（存在少数例外情形），电子法律信息逐渐由私人出版商以光盘传播的方法承揽并不断增加供给。90年代，法律信息供给重新回归公共部门，促使回归发生的条件有两个：一是法律文本可以电子格式获取（文本由计算机系统排版）；二是互联网使得法律文本以低廉的成本进行分发。与此同时，互联网的发展使得许多新主体参与到法律信息供给中来，例如，法律信息研究所、教育机构、专业协会、律师事务所和其他正在提供大量免费在线访问法律信息的机构（甚至还有一些门户网站专门提供在线法律资源的访问权限）。

　　有鉴于此，需要定义一个新的法律信息供给框架，以确保通过不同服务商之间的合作和竞争，最大程度地满足公民、政府部门和专业律师不同的信息需求。尤为迫切的是，有必要重新定义政府部门的职责，即政府机关应当怎样履行职责，才能确保法律在一个复杂的多主体环境中传播（譬如，有人认为，政府机关如果仅提供原始文本，就不算履行职责；政府还应根据最大可用标准，将原始文本结构化，并以机器可读的元文本信息充实文本）。

尽管上述趋势已经引发了法律信息供给上的改变，但人们对趋势的认识仍然有限，同时，将语义网技术应用于法律一体化的潜能也仅在十分有限的范围内得以发挥。正基于此，恩里科·弗朗西斯科尼（Enrico Francesconi）撰写的这本书非常受欢迎，它对一些旨在改善基于万维网的法律信息系统之间的互联互通性的欧洲代表性项目做出了概述，并从机构层面和技术层面做了极为详尽的描述：

- 在机构层面，它对法律信息标准的现行举措，尤其是对立法举措做出了评论，这些举措涉及欧盟议会和成员国的政府部门和行政机构；
- 在技术层面，它介绍并讨论了法律信息管理的新技术及其在基于标准的项目中的具体应用。

综上而言，本书可以为所有（学术界、机构、企业）致力于开发或者应用欧洲法律体系信息一体化标准的同仁提供重要参考。

佛罗伦萨，2007年12月

乔瓦尼·萨尔托尔（Giovanni Sartor）

欧洲大学学院法律系

玛丽·居里法律信息学、法学理论教授

前 言

自乌尔纳姆（Ur-Nammu）时代（公元前2119—前2103年）和《汉谟拉比法典》（公元前1780年前后）公布以来，法律文本就变得十分重要。法律原始文本被雕刻在石头上，并放置于公共场所，以便人人都能阅读法律，且没有人能够因为无知而作无罪抗辩。当然，事实上当时只有小部分人具备了阅读能力。至文艺复兴时期，印刷术降低了出版成本，也让每个人可以更容易地获得出版物，从而打破了教会的最高权威。印刷术的发明还推动了民主，政治家和法学家得以使用印刷文本进行法律评论，并推广正义理念。

出版由此变得十分重要。在法律领域，立法起草的全过程以出版和公布为最后步骤。按照传统，一项法案只有在国家公报上发布或者在现代官方网站上发表，才能成为正式的或官方的法律。

公报的形式和形状随着时间而发生改变。互联网取代了纸质媒体，现在许多欧洲国家都使用网络版本，从而取代了国家公报的印刷版。在意大利和奥地利等一些先驱国家，唯一真实的法律来源应通过国家官方网站进行查询。在读完本书后，读者将更加清晰地了解法律文本由印刷版向数字版转化所带来的影响。

通过应用信息和通信技术（Information and Communication Technology，简称为ICT），并结合法律文本的结构特征，法律资源的可获取性已经得到了明显改善。以法案为例，法律文本结构由章、节、条、成分、句子等组成，结构的功能在于创建一种引用机制，使人们不论手头有无该法律文本，依然可以借鉴和引用该文本中的其他文档片段。诸如可扩展标记语言之类的技术标准会根据人们所描述的法律文本资源，提供相关的结构化信息和元数据。本书详细介绍了"欧洲标准化委员会/元数据法律"（CEN/MetaLex）①或者"阿科玛·恩托索"（Akoma Ntoso）②等多个不同的标准。这些标准为我们提供了描述现有法律文本不同的结构特征，以及允许版本控制和变更管理的机制。另外，还有一些诸如"语义网规范"（NormeInRete）之类的标准并没有描述结构特征，而主要针对的是诸如法律文本资源所描述的规范类型的元数据。

本书介绍了由欧洲许多国家所倡导和实际使用的各类不同的标准。一些标准较其他标准而言更有表现力，一些标准则更具普遍适用性，而较少依赖法律文化。不同的工具被开发出来，用以支持建立包括门户和编辑器在内的各项标准。从科学的角度看，将信息和通信技术引入法律出版领域在多个方面都显得尤为重要。

法律专家和信息通信技术专家不仅通过制定本书所述标准，共同努力改善法律可及性，也致力于更好地阐述法律质量理论。法律质量超越了法律所应包含的正确引用和所应遵循的适当的立法起草指令。

人工智能与法律领域开发的形式计算模型，有助于人们深刻理解法律推理、法律文本的解释和意义以及文本之间的（潜在）偏差或异常。一些智能技术已经成功地应用法律的不同

---

① 根据原作者释义，CEN/MetaLex 和 MetaLex/ CEN 是同一个项目"欧洲标准化委员会/元数据法律"的两种写法。——译者

② Akoma Ntoso 是 Architecture for Knowledge-Oriented Management of African Normative Texts using Open Standards and Ontologies 的缩写，意思是使用开放标准和本体的非洲规范性文本的知识管理体系架构，音译"阿科玛·恩托索"。——译者

前　言

领域，这些技术的应用范围已经超过了法律文本搜索和检索（search and retrieve），由此，公民无需成为法律专家，便可自主找寻法律问题的答案。

　　本书详细描述了过去十余年的一些经验和做法。来自于不同国家的科学家和实务人员均参与其中并有所贡献，其中不少人在"欧洲标准化委员会/元数据法律"工作组、非洲"阿科玛·恩托索"倡议等项目和工作组中共事。

　　尽管各国的法律文化和实践不尽相同，这些差异也在其法律文本资源的多个方面有所体现，但是，不同的法律文本资源之间也存在许多共同的特征。这些特征为创建标准化、弥合国别差异、促进不同司法管辖区之间的互联互通创造了条件。

　　标准化，通过规模经济的形式，将有助于以相对低廉的成本提供各种服务，帮助公民处理一些相对复杂的法律问题。迄今为止，信息通信技术和法律已经实现了较为成功的融合。二者的融合将引领我们迈上自印刷术发明之后的又一个新台阶。对于普通公民而言，他们无须人人成为法律专家，也可以凭借标准化的法律信息通信技术服务而获得渊博的法律知识。

阿姆斯特丹，2007年12月
汤姆·凡·恩格斯（Tom van Engers）
阿姆斯特丹大学莱布尼茨法律中心
法律知识管理教授
"欧洲标准化委员会/元数据法律"工作组主席

法律规范的总体（legislative corpora）[①]代表的是为维持特定社会中公民之间的关系而执行相关命令的规则。这些规则调整人类行为，构成了一个社群赖以生存的社会契约的总和。然而一个悖论是，即便是民主国家的公民也无法轻易地了解她或他所应遵守的规则。数百年来，这一项基本权利一直没有实现，即便是在人们能够从网上获取诸多法律资源的今天，该权利在某种程度上仍未完全实现。

法律规范的总体事实上就是一系列用于处理不同主题的自然语言文档集，多数情形下，这些文档集使用复杂的官方语言。为了全面了解法律内容，人们往往需要多措并举：根据后续其他法律条款中所修改的内容，对法律条款进行拼图；阅读制定法和判例法；比较来自不同地区代表不同效力层级的法律，依据与特定主题相关的规则并考虑"空间"和"时间"变量，总结出"结论"（resultant）。

因此，一个理想的法律信息系统应当允许用户进行语义搜索，查询指定日期内生效的法律文本，浏览由可以相互引用的司法文件组成的"网内网"（net within net），并从概念上清晰划定欧洲一体化的地域界限。相反，倘若仅仅应用技术来发布文件而不对文件补充额外的信息，或者不提供管理和掌握文件知识的工具，其结果就好比虽为晚餐提供了各类食材却并不烹煮，以为只要将食材混在一起就能够制作出理想菜肴一样。

大约十年前，意大利开始大范围地处理立法文件管理的问题。彼时，仅中央专属的法律系统可以使用，即便连公共立

[①] 根据本文作者的释义，这里的"legislative corpora"译为法律规范的总体，其中corpora指的是collection/totality of norms，即规范的总体。——译者

法系统也无法免费访问。但是，随着互联网的推广，许多公共管理机构开始根据事项或者地区权限选择文件，主动在其机构网站上发布法律汇编。这便催生了建立一个提供单一访问点门户网站的想法。这一门户网站需要有专门的搜索引擎，并且具备对来自不同信息渠道的法律纸质文档开展同质化搜索和检索的功能。"语义网规范"（NormeInRete，又称为'norm in the net'）项目应运而生。

  "语义网规范"项目旨在促进公民对规范的可及性、互通性和可理解性，同时提高对公共管理领域内法律生命周期进行过程管理的效率。标准是实现这些目标的关键要素，而对一些共享信息、功能强大的模式进行定义则可以带来更多相关的好处。公共行政管理部门高质量信息的可获取性不仅有利于公民和公共管理部门本身，还可以促进信息社会的经济增长。根据欧盟指令，信息社会中的私人出版商可以利用公共数据，提供增值性信息服务。此外，深层次的知识表示意味着获得语义搜索和自动合并等更为复杂、精细的功能，从而有望推动"信息社会"向"知识社会"的转变。

  然而，有用性和效率不是一项标准获得成功的充分条件。重要的是，关于标准的定义需要作为应用过程的结果由参与各方共享，同时咨询有权颁布的官方机构。"语义网规范"标准已经在意大利官方公报上发布，该标准先前由意大利国家公共行政信息技术中心（National Centre for Information Technology in Public Administration，简称为CNIPA）——前身为公共行政信息技术局（Authority for Information Technology in Public Administration，简称为AIPA）——作为技术规范公布，其任务是协调涉及多个政府机构的信息技术项目，规制相关的信息和通信技术活动。这些标准的定义首先在工作组内讨论，同时面向所有参与的公共管理部门（众议院、参议院、部分地区和其他行政部门）开放，还邀请了大学和研究机构相关领域的专家进行深度参与。在达成初步结论并在国际会议上报告结论之后，我们得以累积一些参与国际工作组活动的经验，而这些活动的宗旨就在于推动经验交流和国家间的项目合作，以及确立"欧洲标准化委员会/元数据法律"工作组对欧洲法律交换格式的定义。活动的参与经历既令人愉悦，同时也富有挑战性。其中，一些颇具规模的合作项目有："埃斯特莱拉"（ESTRELLA）以及"达洛斯"（DALOS）。

作者恩里科·弗朗西斯科尼在本书中深入分析了信息和通信技术在法律领域的最新发展趋势，报告了欧洲一些在该领域较为活跃且颇具研发实力的中心目前正在实施的许多相关方案和成果。本书作者或直接、或间接地参与了其中的大部分方案并获得了相关经验，由此，作者得以深度思考研究机构所提出的许多问题并验证其解决方案。本书的突出贡献在于，它系统呈现了本领域的研究成果，全面展示了欧洲方案的综合成果。该书对研究人员、实务人员和政府机关工作人员而言，将是一本不可多得的好书。

罗马，2007年12月

卡特丽娜·卢波（Caterina Lupo）

意大利国家公共管理信息技术中心（CNIPA）

"语义网规范"项目经理

"欧洲标准化委员会/元数据法律"工作组副主席

导 论

在当今的信息社会，随着欧盟成员国之间政治、社会和经济一体化进程的推进，法律信息和知识在国家和跨国层面的交流开始不断受到关注。在这一发展趋势下，不同法律体系之间法律信息的整体质量和可获取性需要得到相应的提升。

法律信息的获取、传播和管理正在发生转型，这些突出表现在：由原来以电子格式提供法律文件作为法律信息的主要（在未来可能是"官方的"来源）来源，发展到在互联网分布式环境中获取法律信息。这一变化的发生很大程度上归功于万维网联盟（W3C[①]）所推动的语义网新兴技术的发展。通过万维网，不仅人类能够获取和理解法律信息，机器也能够理解并且处理这些信息。新兴的语义网技术旨在为用户提供信息获取和管理的高级服务。

然而，大规模语义网技术的实际实施却面临着诸多的障碍，主要原因如下：一方面，互联网社区难以就共享通用语义模型

[①] http://www.w3c.org

的问题达成一致，而实施成本也就几乎无法随之降低；另一方面，通用的文本搜索和检索引擎[①]所具有的效能，往往已经能够较为满意地满足用户的信息需求。

但是，法律领域，尤其是立法领域，具有不同的特点，而法律用户也有特殊的信息需求。具体表现在：

• 就结构和语义而言，立法文件具有界定清晰的特征；

• 立法过程，尤其是立法文件的编制，往往组织良好、流程清晰，涉及议会和党派等立法机构；

• 法律信息系统不仅为用户提供搜索和检索的高级服务，也致力于维护和保持法律秩序，监测新的规范对法律秩序的影响，处理法律文档时间表和版本控制；

• 用户主要感兴趣的是从文本中获取规范而不仅仅是法律文本本身，尤其是通过理解规则之间的关联性，支持他们开展法律推理。

在此情形下，使用文档标准和语义网技术，成为开发面向立法者、法律信息供应方以及法律专家的服务的一个先决条件。正基于此，欧盟成员国和机构最近考虑在一些特别重要的立法过程中使用信息和通信技术，以推动一些旨在提高立法质量，提升法律信息的管理、维护和可获得性的举措的出台。立法文件管理领域率先采取了一系列举措。这些行动由国家机关、研究机构和大学研究所共同倡导，根据万维网联盟推荐标准（W3C recommendations）为立法文件的识别以及结构和语义的标注定义了标准。

---

① 如Google，Yahoo等。

这些行动主要用于解决以下问题：
- 提高欧盟各国不同法律体系的法律信息质量和可及性；
- 提升应用软件和法律信息管理系统之间的互通性；
- 为政策制定者和公民提供高质量的综合服务。

在各成员国经验的基础上，欧洲标准化委员会（European Committee for Standardization，简称为CEN）正在执行一项泛欧倡议，为制定法律信息标准构建一个共同的框架；此倡议正引领各成员国以及不同参与主体（数据提供者和出版商）在法律信息管理上开展一项全新的、不断走向成熟的合作。

在推行以上方案后，另一种趋势日渐兴起，即针对已确立法律标准中的特殊性和复杂性问题，开发软件工具，意在为立法起草活动提供支持，实现立法结构和语义模型的自动化或半自动化运行。

本书呈现了作者与位于佛罗伦萨的意大利国家研究委员会法律信息理论与技术研究所（ITTIG-CNR）[①]的同事，以及与意大利国家公共行政信息技术中心、意大利博洛尼亚大学"法律的历史学、哲学和社会学以及计算机科学与法学"跨学科研究中心（CIRSFID）[②]、荷兰阿姆斯特丹大学莱布尼茨法律中心（Leibniz Center for Law of the University of Amsterdam）及其立法可扩展标记语言（Legislative XML）社群其他研究人员通力合作的最新研究成果。本书旨在对欧盟层面和成员国层面所确立的有关立法标准的方案，以及欧洲以外其他国家的类似做法

[①] ITTIG-CNR是The Institute of Legal Information Theory and Techniques of the Italian National Research Council的缩写。——译者

[②] CIRSFID是Interdepartmental Centre for Research in the History, Philosophy, and Sociology of Law and in Computer Science and Law的缩写。——译者

做一概述，同时向读者展示针对法律标准化定义和立法工具开发等各项活动的技术细节。

恩里科·弗朗西斯科尼

佛罗伦萨，2007年12月

第一章 "语义网规范"项目

　　立法信息的碎片化与法律文本不同格式之间的不一致,对系统地组织全体法律规范造成了历史障碍。意大利曾遭遇以下情形:20世纪80年代,法律文件的管理与分发体系是中心化的。除意大利最高法院(Court of Cassation)、官方公报(Official Journal)[①]和官方出版商以外,几乎没有内容所有者有能力管理并在收费的前提下分发法律文件;至90年代,这一体系逐渐变得松散,在中央、地方行政部门与司法机构之外,也有私人出版商加入法律文件分发的行列,且收费服务与免费服务并行。该体系的主要缺陷在于缺少法律文件的标准化描述,而这种形式的描述本可助力发展具有互通性与实用性的法律信息系统。实际上,法律文件的标准化不仅能改善法律文件的质量,还可以为开发服务于公民和法律专家的法律文件访问与获取功能定义一个共同的基础。

[①] 其意大利语原名为"Gazzetta Ufficiale",链接见 https://www.gazzettaufficiale.it/。——译者

为了从国家层面克服上述困难，经意大利司法部与国家公共行政信息技术中心（CNIPA）共同提议，"语义网规范"（NormeInRete）[①]项目于2001年在意大利启动。该项目旨在为意大利的立法制定标准，以允许在一个分布式环境中，通过使用搜索和检索功能，为法律文件创建唯一的接入点（a unique access point），并且还构造出一个稳定的交叉参照（cross-references）机制，引导用户浏览链接至该项目的一些公共机构的相关网页。为了达成这些目标，"语义网规范"提出用可扩展标记语言作为表征法律文件的标准，并使用三类渐次复杂的文档类型定义（Document Type Definition，简称为DTD）来定义该标准（Megale和Vitali，2001）。文档类型定义的目的在于从法律文本的结构轮廓或称形式轮廓（formal profile）与语义轮廓或称功能轮廓（functional profile）入手，运用特定的元信息来表征法律文本。此外，在统一资源名称（Uniform Resource Name，简称为URN）技术的基础上，另一种用于无歧义识别法律条款的标准也得以制定（Spinosa，2001）：该标准可在"语义网规范"项目范围内提供一个稳定的交叉参照系统。

"语义网规范"标准由一个全国性工作组制定。佛罗伦萨的意大利国家研究委员会法律信息理论与技术研究所（ITTIG-CNR）、博洛尼亚大学"法律的历史学、哲学和社会学以及计算机科学与法学"跨学科研究中心（CIRSFID），以及意大利国会（参议院与众议院）、司法部与最高法院都在工作组中承担了相

[①] 根据原作者的释义，此处的意大利语名称"NormeInRete"，英文意译即"Norms in the Semantic Web"，汉语直译为"语义网中的规范"，指的是通过语义网技术来表达法律规范。简明起见，本书在行文中将之翻译为"语义网规范"。——译者

应的任务。

为了使上述标准更容易被采纳,意大利国家研究委员会在项目推进的过程中开发了许多工具。其中,一个主要的工具是"语义网规范"编辑器(NIREditor)及其开源版本可扩展标记语言立法编辑器(xmLegesEditor)[①]。该工具是一个作者编写工具,由功能和软件模块组成。功能基于现有关于立法起草的研究而开发(Biagioli,1992),软件模块则旨在根据已确定的标准对新颁布的和既往的法律文件进行管理。

本章的构成如下:第一节介绍"语义网规范"项目所制定的标准;第二节讨论该项目对法律文件给出的语义描述;第三节对"语义网规范"标准下众项新版本的主要特征做出总结。

第一节 "语义网规范"标准

"语义网规范"项目提出用可扩展标记语言作为表征法律文件的标准。两个专门性的国家工作组开发出两套主要的官方标准。

第一个工作组由来自佛罗伦萨意大利国家研究委员会的斯皮诺萨(Pierluigi Spinosa)领导。该工作团队的目标是根据统一资源名称技术来制定法律文件的识别标准:统一资源名称是一种无歧义的标识符,它能以一种稳定的方式来表达参照(references),不论它们的实际位置如何(Spinosa,2001)。

第二个工作组由来自博洛尼亚大学的维塔利(Fabio Vitali)

[①] xmLegesEditor,一个开源可视的可扩展标记语言编辑器,为支持采用"语言网规范"标准的软件工具提供一个统一的接口。——译者

主导,其目标是制定法律文件的标准。该标准围绕文档类型定义[被命名为"语义网规范-文档类型定义"(NIR-DTD)]的界定情形而制定,文档类型定义因对不同类型的法律文件做出文本层级描述的复杂度不断提升而存在不同的界定方式(Megale 和 Vitali,2001)。

一、"语义网规范-统一资源名称"标准

在"语义网规范"项目范围内,各个文件是通过统一名称来识别的。统一资源名称(URNs)意在为互联网资源提供清晰持久、位置无关的标识方式。该技术对强调参照他处资源的领域,尤其是注重法条间互相参照的法律领域而言,极具实用价值。互联网基于统一资源定位符(Uniform Resource Location,简称为 URL)而运用的超文本链接,尽管在事实上容许参照的表达,并且提供了一个行之有效的检索系统,但并不适合在法律领域开展大规模应用。实际上,统一资源定位符根据实际位置表达的参照存在以下明显的问题(Spinosa,2001):

• 难以知晓被参照资源的位置;
• 文件位置的效力随时间而损耗;
• 无法为尚未出版的资源给出参照。

为了避免这些问题,研究人员选择了另一种参照系统。该系统为每一个法律资源都分配一个统一命名,并将解析器发现服务(Resolver Discovery Service,简称为 RDS)作为解析机制,以检索相应的对象。与此同时,"语义网规范"项目下的统一资源名称(URN-NIR)标准的制定也遵守由统一资源名称工作组(URN Working Group)在因特网工程任务组(Internet Engineering Task Force,简称为 IETF)中定义的其他标准。

一个应用于特定领域的统一名称系统必须包含如下两部分：

● 一个命名分配的模式，它能无歧义地表示由任意有权机构在任意时间（过去、现在和未来）颁布的任意法律条款；

● 一个涵盖从对应资源的统一名称到其线上地址的解析机制。

针对"语义网规范"项目下的文件，统一资源名称语法（URN syntax）根据 RFC 2141 URN 语法[①]而定义（Moats 和 Sollins，1997）：它在构成上包括一个由"nir"字符识别的命名空间（name-space）（用以识别使名称在其中有效的环境）以及表示条款细节的语法，如下所示：

<URN> ::= "urn:nir:" <NSS-nir>

专有名称<NSS-nir>必须包含无歧义的文件识别信息。另外，立法环境中有必要将一份文件的后续版本与修正案进行区分，在这种情况下，一份文件的特定版本信息也会被添加进来。因此在"语义网规范"项目的定义中，任意具体的统一资源名称都具有下述一般性结构：

<NSS-nir> ::= <document>["@"<version>]

其中，有关立法机构、条款类型、细节与附件的信息构成了<document>部分的内容：

<document> ::= <authority>":"<measure>":"<details>
[":"<annex>]

斯皮诺萨（Spinosa，2001）给出了"nir"命名空间下属

---

① RFC 的全称是"Request for Comments"，意即"征求意见稿"，2141 是其编号。RFC 2141 URN 就是因特网工程任务组颁布的备忘录系列的一部分，它为统一资源名称（URN）给出了典范语法（canonical syntax）。其官方网页地址是：https://tools.ietf.org/html/rfc2141。——译者

的统一命名的完整语法规范，以下是一些法律文件统一命名的实例：

1996年12月31日第675号法案

urn:nir:stato: legge: 1996-12-31; 675

财政部20.12.99政令

urn: nir: ministero. finanze: decreto: 1999-12-20; nir-3

2001年6月21日公共行政信息技术局第31号通函

urn: nir: autorita. informatica. pubblica. amministrazione: circolare: 2001-06-21; 31

1995年1月23日意大利宪法法院第7号裁定

urn: nir: corte. costituzionale: sentenza: 1995-01-23; 7

如前所述，在"语义网规范"项目中，法律文件的统一名称是根据法律文件本身的属性来分配，与文件的可获取性、实际位置以及访问模式无关。就文件的识别而言，唯一必需的只是文件的重要细节以及统一资源名称语法的相关知识。

在"语义网规范"项目下，统一资源名称技术被用来：

1. 表示对其他法律条款的交叉参照；

2. 在参照之间进行导航并检索"语义网规范"项下的法律条款；

3. 表示法律文件之间的关系。

如要获取文件与其统一名称间的关联性，则有两种可选择方案。一种方案是借助于已插入文件本身的元信息，例如：在超文本标记语言（Hypertext Markup Language，简称为HTML）文档中使用一个META元素，在可扩展标记语言文档中使用一个合适的元素。另一种方案是借助于文件以外与文件有紧密联系的元信息，例如，借助于数据库中的特定属性字段，或者使用如资源描述框架之类的新兴发展技术。

为了使统一资源名称在超链接中得以有效应用,有必要建立一个能将文件的统一资源名称与其一个或多个实际位置进行关联的数据库。已有研究将这一过程称为"解析机制"(resolution mechanism):该机制既可以是集中式的,也可以根据互联网上的域名解析系统(DNS[①] resolution system)的实际情形而有望成为分布式的。这样的数据库也有能力纳入其他类型的元信息(细节、标题、主题、法案之间的关系等),从而使系统的反馈更为丰富。除了扮演解析系统的角色外,该数据库即使在面对那些由错误引文得来的不完整乃至未校正的统一名称时,也有可能继续向用户提供反馈(例如,当用户将前述存疑的统一资源名称提交给系统后,解析服务可向用户反馈那些统一资源名称与之部分吻合的文件,或尝试对统一资源名称本身进行自动修正)。

总体而言,当统一资源名称技术用于表征参照时,该技术容许开发解析工具,对参照进行自动检测,并且在仅依赖被参照文件的重要细节〔细节通过引文(citations)以自然语言的形式表达〕以及统一资源名称语法知识的情形下,便可构造出对应的统一资源名称。另外,统一资源名称技术也能够构造一个知识库,用以储存法律文件之间的关系。

二、"语义网规范-可扩展标记语言"标准

除了"语义网规范-统一资源名称"标准,"语义网规范"项目还在可扩展标记语言的基础上,为描述法律文件的内容制

[①] DNS缩写自"Domain Name System",意即"域名系统"。——译者

定了另一项标准。该项目为此确立了三类复杂度逐步上升的文档类型定义：

● "DTD flessibile"（niloose.dtd）包含180项元素：不规定任何强制性规则（除了极少数例外情形），应用于那些未遵循起草规则的既往法律文件；

● "DTD base"（nirlight.dtd）[①]包含大约100项要素：表示"DTDcompleto"的一个子集，被用来培训用户采纳文档类型定义标准；

● "DTD completo"（nirstrict.dtd）[②]包含大约180项元素：遵循立法起草规则，被用来编写新的法律文本。

"DTD flessibile"和"DTD completo"这两类文档类型定义共同包含下列四个文档：

1. global.dtd：包含一般性定义；
2. norme.dtd: 包含分区结构（division structure）[③]的定义；
3. text.dtd: 针对文本、列表、表格的结构定义；
4. meta.dtd：包含元数据模式定义（metadata schemes definitions）。

两类文档类型定义之间的差异则表现在各自的主文档nirstrict.dtd与nirloose.dtd上。主文档nirstrict.dtd确立法律文本分区（partitions of a law text）的顺序。条文的集合仍然被作为规范的基础元素来处理（它们的编号与其他元素的层级式构造无关）。给分区编号是必须的，但分区的标题未给定，而是保留

[①] 直译即"文档类型基础定义"。——译者
[②] 直译即"文档类型完整定义"。——译者
[③] 指法律文件、法律条款的文本结构。——译者

给其他元素作为可选项。另一主文档nirloose.dtd几乎没有规定限制，且主要应用于那些并不遵循特定立法起草规则的既往法律文件。

近期，"语义网规范"项目还发布标准的可扩展标记语言模式（XML Schema）版本。相比依照扩展巴科斯范式（Extended Backus-Naur Form，简称为EBNF）语法编写的文档类型定义，可扩展标记语言模式是通过可扩展标记语言自身的语法编写的；此外，可扩展标记语言模式还为数据类型、每一元素与属性的可能赋值给出了限定。因此，可扩展标记语言模式在表达力上强于文档类型定义，用来处理可扩展标记语言文件的软件库，也同时可用来处理可扩展标记语言模式。基于以上原因，无论在一般领域还是法律领域，可扩展标记语言模式标准注定会取代文档类型定义标准。

总的来看，"语义网规范–可扩展标记语言"标准容许用下述两类主要的元素来描述法律文件：

1.结构性元素；

2.元数据。

其中，结构性元素可以再划分为：

1.泛用文件元素（generic document elements）：对其他法律条款的参照，格式化的文本嵌入式相关实体（表格、列表等）；

2.特定法律文件元素（specific legal document elements）：标题、序言、章节、条款、段落等。

结构性元素描述的是一份法律文本的形式构造（也即形式轮廓）。

类似地，"语义网规范–可扩展标记语言"标准也涉及两类元数据：
- 一般性元数据：主题分类、出版日期、法案间的关系；
- 分析性元数据，即分析性条款（analytical provisions）：存在于条款（provisions）类别如修正案（新增、废止、替代）、规则（义务、定义、处罚等）及其参数（arguments）（例如一项义务的行为人）。

对比之下，一般性元数据提供的是法案的总体信息，分析性元数据则根据条款模型（model of provisions）来描述规则的语义（Biagioli，1997）。

第二节 条款模型

法律体系的清晰性依赖于人们对法律秩序的理解和掌握，但这两方面的匮乏对于立法者和公民都构成了重大问题。对于立法者和公民而言，掌握法律秩序的知识并且把控秩序是尤为关键的问题。一个未经系统性组建的法律秩序，会给人们带来各种不同的问题，这些问题从新法给法律融贯性带来不确定影响，到公民与法律专家会遭遇法律规范获取上的困难，不一而足。

针对上述问题的成因，比亚焦利（Carlo Biagioli）在20世纪90年代（Biagioli，1991，1997）指出：一部法律虽然是一个具有规范性和记录性的参照体系，普通用户和法律专家却往往根据其内在包含的规范，去管理、获取与援引法律秩序的内容。

这意味着，倘若缺乏一种分析、系统地看待法律秩序的视野，势必会对人们掌握法律秩序的知识并且把控秩序造成阻碍。为此，一种更具分析性的参照单元被构造出来，以使人们能从一个更系统的视角去审视法律体系。从该视角出发，一份立法文本可被看作一个载体，它容纳和传递在"言语行为"（speech acts）中表达的规则或者条款（provision），也即被赋予意义的句子（Raz，1977），而法律秩序可以被看作一系列的规则而非法律（laws）。这一经分析法哲学启发的视角，容许人们把规则视作支撑法律体系大厦真正的基石，而法律纯粹是暂时事件。

一、立法文本的轮廓

以条款为中心的视角为人们审视立法文本提供了两种角度：结构轮廓或称形式轮廓，语义轮廓或称功能轮廓（Biagioli，1997）。相应地，立法文本的片段既可以被视为段落，也可以是条款，具体取决于审视角度是形式轮廓的还是功能轮廓的。

形式轮廓代表的是以章节、条款、段落等方式来组织法律文本的传统惯例；功能轮廓则与法律文本的语义组织方式相联系。立法者描述功能轮廓的传统方式是给形式上的篇章分区指定标题：分区的标题实质上是元数据的某种雏形（ante-litteram metadata），因此分析性条款实质上是这些标题的形式化版本，而"语义网规范"项目采纳和呈现的是正式"语义网规范-可扩展标记语言"版本的形式化。

应当特别指出，法律文本的功能轮廓还可以细分为两类子轮廓：调整性轮廓（regulative profile）与主题性轮廓（thematic profile），以对更多的特定语义角色分别表征。调整性轮廓反映的是立法者的目的和指引，主题性轮廓则反映的是被规制领域的特征属性。

调整性轮廓通过条款类型（provision types）进行描述。条款具有多种不同的类型，如定义（definition）、义务（obligation）、制裁（sanction）、权限（competence）、增添（insertion）、废止（abrogation）等。条款的参数（例如：一项义务的行为人）可以进一步用于描述主题性轮廓。

　　条款类型以及相应参数呈现了立法文本的语义模型，也即前文所称的条款模型（Biagioli，1997）。它们可以看作一种有能力分析地描述出立法文本内容的元数据模式，因此也被称为分析性元数据（analytical metadata）。

　　通过分析性元数据，立法文本的一个片段可以从语义的角度，根据条款模型来进行分析和处理。以意大利隐私权立法的下述片段为例：

> 任何［数据控制人］如要处理本法适用范围内的个人数据，应当告知数据的担保人……

该片段除了被看作一份立法文本物理结构的一部分（即一个段落）以外，也可当作文本逻辑结构的组成部分（即一种条款类型），它甚至还可以成为一种义务条款类型，其参数包括如下：

> 行为人："数据控制人"
> 行为："告知"
> 相对方："担保人"。

二、条款的语义

　　根据条款模型，条款的类型被划分为两个主要的组别：修正案与规则。

修正案又包括：

● 内容修正（content amendments）：字面上修正规范的内容，或虽未做字面调整但变更了文义；

● 时态修正（temporal amendments）：修正规范的时间要素（生效时间及效力的时间范围）；

● 外延修正（extension amendments）：扩张或缩小规范的适用范围。

修正案将法案或规范作为参数。

规则作为条款，旨在调整其所属法案关注的现实。根据罗尔斯（Rawls）对法律理论经典区分的表述，规则可划分为两类：

构成性规则（constitutive rules）：主要针对那些受法律调整的现实生活中的实体（entities），总体上由两类规则构成：一类是引入实体的规则；另一类是为实体匹配法律表述（juridical profile）的规则，即"授权性规范"（empowering norms）。

调整性规则（regulative rules）：主要是为行为而设定的规则，由两类规则构成：一类是约束行为的规则；另一类是用于惩罚实体和程序违法行为（substantial and procedural defaults），即"法律救济"（remedies）。

三、条款模型的应用

条款模型可以为立法的进阶应用与服务（例如，从语义搜索与获取功能到版本统合）提供基础。

使用条款模型描述立法文本语义，为开发不同的应用提供了可能性。例如，一个符合条款模型所创建的包含法律和法规的语料库，容许人们为立法文件开发高级的搜索与获取服务（Biagioli 和 Turchi，2005），同时，也可以执行法律体系的融贯性分析任务。采用相应的条款类型（增添、废止、替换及其各自参数）来描述法律修正案，为开发立法文本的自动化版本统合等应用铺就了道路。

应用条款模型时可以采取自顶向下（top-down）或者自底向上（down-top）的策略。当采用自顶向下的策略时，条款模型提供了从语义角度起草新法的手段（Biagioli 和 Francesconi，2005a；Biagioli et al.，2007），从而有助于改善立法文本的质量。若采用自底向上的策略，条款模型则可用于对既往立法文本作纯粹记录性质的描述。

也正是基于上述理由，"语义网规范"项目采纳了借助条款模型表达的立法文本的规则语义。事实上，"以条款为中心"的法律秩序视角（a "provision-centric" view of legal order）具有首要意义，被用于制定策略和工具以维护法律体系的秩序，并且为访问和获取规范提供设施。

第三节 "语义网规范"标准的新版本

2004年，"语义网规范"项目进入了一个新阶段。该阶段的目标在于，同时为统一资源名称和文档类型定义确立新版本，以处理标准第一版使用中出现的新情况并且满足项目工作组内部讨论时产生的新需求。

针对统一资源名称的标准，"语义网规范-统一资源名称"工作者开发出统一名称语法的新版本（1.3版），并且在版本中提议扩展出一个专用于交叉参照的空间。

第一章　"语义网规范"项目

　　总体看，这一扩展空间的提议是为了使法律文件的每一个单独分区都能得到识别，从而使分区不仅能通过内置于文件的超文本标记语言锚点（anchor）得到参照（由于#字符的使用，该锚点不能被传输到万维网服务器上），也可以不经由其所属文件而独立参照（在法律文本的分区分散于不同记录单元时，这一点尤为重要）。

　　统一名称语法的更多特性还表现在，它有能力表述出一项参照的特征，而这些特征没有通过引文的文本形式明确表达出来。例如，对同一部法案的静态（static）参照（即参照历史文本）与动态（dynamic）参照（即参照现行有效的文本），该语法能够进行区分。利用这一扩展空间（语法），即便在无从知晓版本的识别标记的情况下，也只需通过为被参照法案文本指定一个时间区间就可参照其对应的版本。

　　针对可扩展标记语言的标准，"语义网规范-可扩展标记语言"工作组开发出另一个新版本（2.0版），并制定出文档类型定义以及"语义网规范"标准的可扩展标记语言模式版本。在第二版中，佛罗伦萨的意大利国家研究委员会法律信息理论与技术研究所、博洛尼亚大学的"法律的历史学、哲学和社会学以及计算机科学与法学"跨学科研究中心合力为元数据引入了许多新的内容。新版本的通用元数据可纳入原始文本中未出现，但可从其他来源推知的关联信息，如法案的性质、法案的层级次序，包括宪法序位的不同层级（首要的、次级的等）或从实践中可推断的层级、原始文件未给出法律条文标题，等等。另外，博洛尼亚大学"法律的历史学、哲学和社会学以及计算机科学与法学"跨学科研究中心的帕尔米拉尼（Monica Palmirani）教授通过描述法律文本的动态性，也做出了重要贡献（Palmirani，2005）[例如，分别于条款及相关规范上应用了"生效"（in force）时点与"实效"（efficacy）时点[①]]。

[①] 根据原作者释义，这两个时点的差别表现在："生效"时点/日期是一部法案进入法律秩序的时间点，通常是意大利国家总统签署法案的时间点；"实效"时点/日期则是一部法案实际上产生法律效力的时间点，在意大利通常是该法案在官方公报上发布的15日后；某些情形下，两个时点会重合，有时一部法案中的个别条款（如一项义务）也可能有自己的生效、实效时点，与整部法案的生效、实效时点不同。——译者

第二章　立法标准化中的其他方案[*]

第一节　欧洲方案

过去几年里，立法文件管理领域出台了一些重要的倡议。与意大利"语义网规范"项目同步，其他不同国家的倡议也纳入了法律文本描述的标准中，例如，荷兰的"元数据法律"(^{META}lex)[①]和"SDU BWB"[②]倡议，丹麦的"莱克斯达尼亚"(LexDania)，瑞士的"表征瑞士法律文本的数据标准"(CHLexML)以及奥地利的"电子法律"(eLaw)项目。

这些倡议主要是在国家机构的推动和研究机构与大学的参与下，确定了用于促进立法管理标准的可扩展标记语言标准，

---

[*] 感谢乔瓦尼·萨尔托尔（佛罗伦萨）、亚历山大·博埃尔（阿姆斯特丹大学）、莫妮卡·帕尔米朗尼（法律的历史学、哲学和社会学以及计算机科学与法学跨学科研究中心，博洛尼亚大学）、法比奥·维塔利（博洛尼亚大学）。

[①] ^{META}lex 是 Open XML Interchange Format for Legal and Legislative Resources 的缩写，意思是用于法律和立法资源的开放可扩展标记语言交换格式。——译者

[②] "SDU BWB"是最初由荷兰最大的法律出版商之一 SDU 发布的、用于表征荷兰基本法档案中所有规范性文件的数据库。——译者

以及法律文档识别模式。

下面将介绍这些倡议以及其他立法标准方面的经验,还有一项当前用来定义欧洲立法标准的倡议(即"欧洲标准化委员会/元数据法律")。

一、"元数据法律"

"元数据法律"(^{META}lex)作为"电子动力"项目(E-POWER project)[①]的一部分被开发出来。"电子动力"项目旨在利用信息和通信技术,帮助公民和政府应对数量日渐庞大的法规。欧洲公民和企业正日益面临着法律和法规带来的诸多问题,这些问题从各个方面影响着他们的日常生活和工作。其中法规有来自国际、欧盟、本国和地方层面的。尽管各国不断在尝试加强法规协调并放松管制,但相关的"法律"数量和复杂性仍在不断增加。这个问题也困扰着行政管理机构,以及立法和行政机关。为了制定出一致和连贯的法律,立法过程变得越来越复杂,维护和适用现行有效法律的过程也是如此。而信息和通信技术具备了协助政府和公民应对日趋庞杂的法律体系的潜能。

开发"电子动力"项目工具的一个前提是,实现对结构化、标准格式的法律资源的电子获取。"元数据法律"正是为满足此一需求而开发的(Boer et al., 2002, 2003b)。此外,它还允许对不同来源(如出版商)下的法律文书进行交换和比较。"元数据法律"提供了一个通用、易于扩展的框架,用于对具有一般

---

① E-POWER是一个信息系统技术项目,部分工作由欧盟资助开发(项目号:2000-28125)。——译者

性和监管性质的公共决策文本和法律文件的结构和内容进行可扩展标记语言编码。而"元数据法律"仅对文档结构做出最低要求。

目前，荷兰税务和海关管理局（Dutch Tax and Customs Administration）、比利时公共福利中心（Belgian Public Centers for Welfare，简称为Be Value）等机构正在使用"元数据法律"。

"元数据法律"的一个显著优势是：它在使用上几乎不受限制，尤其是不受区域和语言的制约。此外，"元数据法律"中的可扩展标记语言可以自由地与其他可扩展标记语言模式结合。这就意味着，"元数据法律"不会对出版商使用专有的可扩展标记语言格式形成干扰，反而能够在既有的组织中执行，而不会造成问题。

"元数据法律"可扩展标记语言严格划分了容器（即按自定义序列包含其他容器或者块级元素）、块级元素（即出现在容器中的元素，包含混合文本和行内元素）和行内元素（即出现在文本中的元素）。这就使得布局的结构清晰并降低了错误率。

"元数据法律"建立在万维网联盟的几个现行标准的基础之上，这些标准包括：可扩展标记语言（XML）、资源描述框架（RDF）、RDF模式语言（RDF<S>）、网络本体语言（OWL）、可扩展链接（XLink）、可扩展超文本标记语言（XHTML）、统一资源名称标识符（URI）、可扩展样式表语言（XSL）和用于以可扩展标记语言编写数据库的规范（XML Base）。其中，"元数据法律"与资源描述框架和网络本体语言的链接尤为重要，因为它允许知识的分散存储，这就意味着对单个文件的内容没有要求。"元数据法律"要求每一个元素都有一个识别号（ID），从而在更细节化层面支持统一资源标识符（即可能链接到文本中非常特定的部分），但是它避免了为统一资源标识符而确立复杂的语法和语义。

此外，"元数据法律"通过与地理标记语言（Geography Markup Language，简称为GML）结合，可以链接至特定（空间）区域的法规，这就为在地图上可视化（部分）区域性法规创造了条件。当然，它还允许通过地图访问法律。

二、"SDU BWB"

荷兰的另一项制度性倡议是"SDU BWB"标准。该标准是一种可扩展标记语言格式，目前用于编码荷兰基本法数据库（Basiswettenbestand，简称为BWB）中的法律。荷兰基本法数据库是一个包含了几乎所有荷兰法律和决议的大型数据库。"SDU BWB"标准建立在SDU出版商开发的文档类型定义上，现在由荷兰政府维护。

三、"莱克斯达尼亚"

"莱克斯达尼亚"（LexDania）项目是丹麦用于创建和交换法律文件的国家系统。"莱克斯达尼亚"由丹麦科学、技术和创新部发起，随后由丹麦司法部和丹麦议会负责。项目工作分两个阶段开展。第一个阶段，对国际相关活动和其他国家的标准和项目分别展开研究和调查；第二个阶段，采用丹麦公共信息在线（General Danish Public Information Online，简称为OIO）可扩展标记语言策略中的基本数据模型或者方法，推动项目发展。这一策略包括三个方面：选择一组中心类型和元素（尽可能是标准）；创建若干组"构建模块"供国家使用；（重新）利用"构建模块"创建特定的立法模式（Tucker，

2004a,b,c,d,e,f）。

"莱克斯达尼亚"项目的重点是开发一个系统，用于系统创建和维护文档类型和应用程序模式。该系统采用一种构建模式的独特方法，即利用分化层级的结构从功能特征（而不是文档特征）中增量地构建模式。该结构同时结合了用于解释构建不同形式下模式的方法，以确保模式的一致性和兼容性。

四、"表征瑞士法律文本的数据标准"

位于瑞士伯尔尼的法律数据联邦司法办公署电子出版协调办公室（Coordination Office for the Electronic Publication of Legal Data Federal Office of Justice，简称为COPIUR）[①]负责协调法律领域的标准化活动，尤其是瑞士联邦的多语言问题。

法律数据联邦司法办公署电子出版协调办公室于1998年10月成立后开展工作。办公室最初隶属于联邦总理府，后来并入联邦司法办公署法律数据处理和计算法事务处（Rechtsinformatik und Informatikrecht / Informatique juridique, droit et Informatique / Informatica, dirittodell' Informatica）。该事务处在登记、法律文书电子交换和法律数据电子出版等领域，倡议和组织国家级信息学和组织项目。法律数据联邦司法办公署电子出版协调办公室负责评估和促进立法领域新信息技术的发展，主要对统一规范、标准（Khaled et al., 2004）和信息结构做出进一步说明。该办公室的主要目标是协调联邦、州和私营部门的出版，为公众提供丰富、统一呈现且易于获取的网络法律数据。另外，该办公室也代表联邦政府，参与国际和国家

[①] http://www.rechtsinformation.admin.ch/copiur/index.html

协调机构的活动。

目前，法律数据联邦司法办公署电子出版协调办公室下辖两个关联性项目。

第一个项目是"表征瑞士法律文本的数据标准"（CHLexML）[①]，即通过建立一个综合性的可扩展标记语言模式，用于发布联邦、州甚至社区的所有法案。在法律数据联邦司法办公署电子出版协调办公室和瑞士联邦总理府的共同领导下，瑞士司法信息学协会组建的一个工作组完成了可扩展标记语言模式。经内部测评，该模式于2005年6月30日至7月1日在电子出版协调办公室主办的"第五届法律及信息学研讨会"上获得通过。"表征瑞士法律文本的数据标准"随后被提交给各州议会和其他感兴趣的相关人员磋商讨论，并同时提交电子政务标准制定协会（E-Government Standards Setting Association，简称为eCH），以实现数据的归一化。

第二个项目是"LexGo"（www.lexgo.ch），其主要目的是使联邦和26个州在系统性法律汇编中分别使用的27个不同的分类系统对齐（align），以简化和改善搜索结果。根据弗里堡联邦研究所制定的法案分类的通用系统（common systematic），"LexGo"创建了27个矩阵表格（Konkordanztabellen, tableaux de concordance，即用语索引表），用于将所有联邦和州的法案与通用系统实现对齐。正是由于这一包含精确链接的数据库，"LexGo"允许用户根据特定的主题，搜索所有联邦和州一级的法律规范。

[①] www.chlexml.ch

五、"电子法律"项目

在立法标准领域，奥地利提出的制度性倡议是"电子法律"（e-Recht，或者"Electronic Law"，简称为eLaw）项目。"电子法律"项目旨在对法律文本制作进行改革，创建一个统一布局下连续的电子制作渠道，以实现从文本起草到互联网公布法案全过程都是在相同电子文本的基础上开展。工作流系统（workflow system）覆盖政府议案、委员会报告、国民院法案和联邦院决议。"电子法律"项目的工作流系统支持上述所有的政府议案、委员会报告、国民院法案和联邦院决议类文本的电子化制作。议会将历次修订案的电子文本汇编（consolidated electronic texts）返回给奥地利联邦总理府，以备出版。自2004年起，这些正宗的电子出版物在互联网上向所有人免费开放。

由于"电子法律"项目旨在创建一个覆盖从立法草案意见征集到文本公布全过程的连续的电子制作渠道，因此，项目仅需要在立法各阶段（如一个委员会或者是在国民院全体会议上）对文本进行修正。基于此，项目的第一项直接成果就是纸质法律文本被电子文本所取代。这也就是说，通过印刷出版的政府议案、委员会报告和其他议会出版物将停止使用。另外，技术将使电子文本起草成为可能，且这些文本可以电子查询，同时，整个过程中的每一个阶段都可以用完全透明的方式进行追踪。此外，为了削减费用，立法文本将采用统一布局，实现从草案制作到《联邦法律公报》公布的全过程都在同一电子文本基准上的互联网制作。由此，联邦国务秘书处将向议会提交政府法案，而一旦议事程序完成，议会将向政府返回经其国民院通过的历次修订案的电子文本汇编。至此，奥地利国家印刷局（《维也纳日报》）将"淡出历史的舞台"。

为了将"电子法律"项目付诸实现，议会根据其行政部门手头的复杂任务和联邦政府决议的短暂期限，启动了两个项目（最早于2001年9月1日开始试运行）：

• 2001年4月，"实施电子法律"（Implementing E-Law）项目计划启动，以确保国民院和参议院在立法过程中采用连续的电子制作渠道；

• 2002年12月，"笔记本电脑推广计划"（Roll-out Plan for laptops）开始供议会成员使用。

"电子法律"（eLaw）项目的基本内容是：

• 为法律文本的制作设置电子化工作流，该工作流始于法案的起草，至《联邦法律公报》（如法律、法规、公告、条约）公布结束；

• 以数字签名的电子文本取代印刷版法律文本；

• 《奥地利联邦法律公报》在互联网上正式出版。

为了与联邦行政当局交换文件，"电子法律"项目基于兼容格式和独立接口，设置独立工作流，为议会和政府之间的数据交换制定详细的流程。

"电子法律"项目系统不仅为立法参与者提供电子化信息，也提供了更多的参与机会。此一背景下值得一提的是，项目特别为国会议员及其助手们创建了一个特殊的上传掩码（upload mask），以便将立法动议的电子版录入系统。在国会设立能力中心（competence center）后，国家印刷局的专利技术被成功转移至该中心，中心工作人员通过与奥地利联邦总理府合作，不仅能支持委员会的报告起草人和议会行政管理委员会秘书编写委员会报告，也能支持议会行政管理人员执行国民院的法律法规。

另外，中心工作人员还负责质量管理和立法文件的布局，从而满足高峰期对额外劳动力的需求。政府与议会之间电子数据交换的具体形式则表现为：奥地利联邦总理府将政府法案发送给议会，议会在国会议事程序结束后，再将经其国民院通过的历次修订案的电子文本汇编返回。

六、"法律可扩展标记语言"

"法律可扩展标记语言"（LegalXML）的使命是为法律文档和相关应用程序开发开放的、非专有的标准。"法律可扩展标记语言"是一组标准集，这些标准由不同的技术委员会开发，涵盖了一系列的法律文件。迄今为止，"法院归档工作组"（Court Filing Workgroup）是第一个，也是唯一一个发布"倡议性"（proposed）标准规范的工作组。1998年，"法律可扩展标记语言"由律师、法院管理者、IT企业人员、学界和公司协作确立，早期工作重点在法院文书的电子归档上。工作组推出的第一批标准规范——"法院归档1.0和1.1""法院文件1.1""查询和回答1.0"，解决了律师和法庭案件记录管理人员所重点关注的问题。

"法律可扩展标记语言"于2002年加入结构化信息系统发展组织（Organization for Advancement of Structured Information Systems，简称为OASIS）。"法律可扩展标记语言"所完成的多项工作实际上是结构化信息系统发展组织没有关注，但国内组织和协会都关心的问题。工作组将完成的工作提交给这些国内组织和协会，作为其业务和技术标准的参考。电子法院归档技术委员会（Electronic Court Filing Technical Committee，简称为ECFTC）将出台的技术规范递交审核，经国家法院管理者会议

（Conference of State Court Administrators，简称为COSCA）和国家法院管理协会（National Association for Court Management，简称为NACM）联合成立的联合技术委员会（Joint Technology Committee，简称为JTC）正式批准。

七、"法律和咨询部门元数据计划"

2000年4月，英国大法官部[①]启动"法律和咨询部门元数据计划"（Legal and Advice Sectors Metadata Scheme，简称为LAMS[②]）的倡议。该倡议是社区法律服务（Community Legal Service，简称为CLS）的一个组成部分，旨在推广由法律和咨询部门的内部组织提出的用于互联网站点的通用标准。

"法律和咨询部门元数据计划"倡议尤为关注涉及法律事务信息的网站的标准化问题，其目的在于要求网站根据一个通用框架对信息进行分类，从而使网站供应商和用户都能够从中受益。

"法律和咨询部门元数据计划"高度符合"都柏林核心"（Dublin Core）简化形式的标准元数据要素集。这就提供了获得优势的最大可能性，而这些优势正是来自于采用现有的元数据方案。

八、"英国元数据框架"

"英国元数据框架"（UK Metadata Framework，简称为

[①] 英国大法官部（Lord Chancellor's Department）在2003年改组为宪制事务部，2007年有关部门改名为司法部。——译者

[②] www.lcd.gov.uk/consult/meta/metafr.htm

UKMF）旨在描述政府部门内的所有资源，使政策制定者能够访问与特定政策问题相关的资源，而不论这些资源属于哪个部门。

九、"电子出版物形式交换"

自1985年以来，欧洲共同体正式出版物办公室（Office for Official Publications of the European Communities，简称为OPOCE）使用"电子出版物形式交换"（Formalized Exchange of Electronic Publications，FORMEX），作为与合约商交换数据的格式。该格式为欧盟官方公报不同系列刊载的文件定义了逻辑标记。

"电子出版物形式交换"的前三个版本都采用标准通用标记语言（GML-ISO 8876-1986），而标准元语言（SML）（第三版）的最新版已于1999年4月生效。

然而，由于复杂的语法和开发用户支持类工具的难度，标准通用标记语言并没有获得预期的成功。因此，用户组织（user organizations）参与到对"电子出版物形式交换"的现状和未来的讨论中来。讨论会议上提出，将"电子出版物形式交换"迁移至可扩展标记语言，并用可扩展标记语言模式（XMLSchema）取代文档类型定义。这就重新定义了"电子出版物形式交换"，而新版本（第四版）于2004年5月正式生效。

"电子出版物形式交换"的一个新的特点是，停止使用ISO2022字符集定义并采用统一码（UTF-8）。这就相应减少了对欧盟不同语言中特殊字符和符号进行编码的问题。

可扩展标记语言的采用也为审查现有标准规范提供了契机，例如"电子出版物形式交换"第三版包含的标签数量多达1200

个，而在第四版中，标签数量已锐减至260个。

标准规范包括两部分：

1. 包含信息数据交换、文件名构造，尤其是字符集的物理规格；

2. 用于文档标记的可扩展标记语言模式中的"电子出版物形式交换"语法。

第二节　泛欧洲"欧洲标准化委员会/元数据法律"倡议

2006年，欧洲标准化委员会（CEN）在基于各国立法标准经验的基础上，发起了一个关于开放可扩展标记语言交换格式和识别法律及立法资源的工作坊。

工作坊就法律和立法资源的开放可扩展标记语言交换格式达成了一项协议（A CEN Workshop Agreement，简称为CWA），该项协议已被欧洲标准化委员会承认和采纳（Boer et al., 2006b）。协议规定，关联性标准组织在三年之内可以作为公开可用的标准规范；超过三年，该协议必须更新或者升级为规范。

"元数据法律"（MetaLex）标准被认为是一种用于其他更具区域特色的可扩展标记语言标准之间的交换格式。正基于此，该标准非常抽象，并被视作开发"欧洲标准化委员会/元数据法律"这一项新标准的基础。"元数据法律"标准基于诸多模式的最佳实践而建立，其中的典型模式包括"元数据法律"模式的早期版本、"阿科玛·恩托索"模式（见第三节）和"语义网规范"模式。标准涉及"莱克斯达尼亚""表征瑞士法律文本的数据标准""电子出版物形式交换"等相关主体。除了上述政府标

第二章 立法标准化中的其他方案

准或者开放标准之外，出版者还使用了许多用于发布法规的可扩展标记语言。

"欧洲标准化委员会/元数据法律"首先根据国际图书馆协会和机构联合会（IFLA）书目记录的功能需求（FRBR），定义了一种文档分类法。分类法对以作品（work）、内容表达（expression）、载体表现（manifestation）和单件（item）等实体概念表示的智力作品或者艺术作品的不同抽象级别进行了区分。

在欧洲标准化委员会工作坊协议中，这些实体概念在同一法律渊源中应用于不同的抽象级别，其表述为：

一类现在、过去或者将来可能被用于支持一项论证的文档，而该项论证涉及对特定法律体系中某项规范或者某个定义的证明；或者是一种由具有相关权限的立法者用于向特定人群传达规范的写作方式。这一被用作法律渊源的二分类法，或衍生于立法者的意图和权限，或源于分类法本身在法律流程中的使用方式。

在国际图联-书目记录功能需求（IFLA-FRBR）模式中，前两个实体（作品和内容表达）概念与抽象层面相关，后两个实体（载体表现和单件）概念与具象层面相关。

在立法领域，欧洲标准化委员会工作坊协议的定义如下：

• 作品：一部作品或一部法律作品是一套与法律规定相关的抽象集合，这些规定可以被描述和命名为单一实体，最早由其发起者（立法者）在单独的创作过程中创建。

• 内容表达，或者版本、变体：由内容表达的发起者/立法者，以具体的句子、词语、标点符号和其他（适当的）表现形式作为特定的集合，对一部作品的（一种）实现。例如，每一项包含历次修订案文本汇编的正式法案都是该作品的内容表达。以一项欧盟指令为例，其英语、荷兰语、意大利语和德语版本都是该作品不同的内容表达形式。

• 载体表现：一部作品内容表达的实物或者数字形式。因此，一种特定的可扩展标记语言，一份PDF文件（通过特定的PDF文件生成器将一份特定的Word文件打印成PDF格式），一份打印版宣传册都是一部作品所产生的同一内容表达、版本或者变体的不同载体表现。

• 单件：载体表现的一种特定样本。例如，图书馆某书架上一部书籍的特定副本，储存在计算机特定位置中的一个文档，等等。计算机储存的单件可以很容易地复制到其他位置，从而生成另一个单件，但其依旧代表同一载体形式。

根据以上定义，"欧洲标准化委员会/元数据法律"工作组讨论了适用于法律渊源的标准以及对法律渊源的引用。此一举措意在定义一个可扩展标记语言标准，使其能够对欧盟和内国的每一份国别性法律文档都进行表示。

一、"欧洲标准化委员会/元数据法律"的设计模式准则

在现有文献中，对文档标记的研究呈现出两种趋势：描述性标记和通用标记。

• 描述性标记（www.tei-c.org）：文本部分的语义与元素的名称严格关联（例如："语义网规范–文档类型定义"）。描述性标记提示文档片段的含义或者文档片段在整个文档中的作用。更多有关元素的信息归于属性。

• 通用标记：元素名称标识特定的内容模型（例如：扩展超文本标识语言），而不是相关文档片段的含义或语义作用。通用标记只是标识该内容模型的标签。可以添加特定属性，用于提示文档片段的含义和作用。

可扩展标记语言词汇表通常包含描述性元素和通用元素二者的混合，同时，根据文档的预期用途强调其中的一种方法。

鉴于各国司法制度的特殊性，每个国家的法律文件也具有独特的特征（Boer et al., 2006a），这些特征往往根植于历史悠久的法律起草技术之中。一些国家已经采用了特定标准，以延续传统。这就使得结合了严格内容模型的描述性标记看上去极具吸引力。

另一方面，整个立法历史的具体实例中又存在许多例外情形，因此，文档标记有时又会采用通用元素，以涵盖这些例外。

一份旨在严格遵循规范性文档内容的文档描述，可能会不利于其捕获特定法律体系或者虽不同于特定法律体系但与之相关的其他法律体系中的既往文档中的具体特征和变体。欧洲多语言环境增加了这一问题的复杂性，因为拟定词汇表中所对应的语言虽使用了描述完美、恰如其分的元素名称，但在其他语言环境下，这些元素名称会变成难以理解的"无用数据"。

因此，尽管通用标记技术会阻止对法律文件的特殊性进行分析，但它将为一种"无秩序方法"（an anarchic approach）奠定基础，而这种方法并不重视在分布式环境中共享一项特定的标准。

正如博埃尔（Alexander Boer）等人（2006a）指出的，工作坊所采用的方法，为描述性路径与通用路径之间的相互转化提供了充分、自动的可交换性。对本地编辑人员而言，服务于特定区域和语言的描述性标记具有准确、自然的优势，而其他用户则可以使用另一个词汇表，以获得完整且易于理解的结果。这正是通过使用两个特殊的属性——名称和类型来实现的。这两个属性提供了关于元素的含义和内容模型的信息。属性的值可以任意地用作元素的名称，而元素名称必须与属性名称的值或属性类型的值相同。

因此，从标准的角度来看，以下元素是相同的。例如：

<clause metalex:type="metalex:container" metalex:name="clause">...</clause>

<clause metalex:type="metalex:container">...</clause>

<metalex:containermetalex:type="metalex:container" metalex:name="clause">

...

</metalex:container>

<metalex:containermetalex:name="clause">...</metalex:container>

此外，"欧洲标准化委员会/元数据法律"工作坊协议（Metalex/CEN CWA）推荐使用可扩展标记语言模式，而不是文档类型定义来界定"欧洲标准化委员会/元数据法律"标准。可扩展标记语言模式具有以下优势：

- 用可扩展标记语言编写；
- 允许控制数据类型；
- 允许一种典型的面向对象编程的继承机制。

二、"欧洲标准化委员会/元数据法律"的主要特征

作为一种开放的可扩展标记语言交换格式,"欧洲标准化委员会/元数据法律"应用于欧盟层面的法律和立法资源中。正因为此,与内国层面的标准相比,它已经发展到具有更高的抽象水平。"欧洲标准化委员会/元数据法律"建立在定义抽象类型和元素的机制之上,而这些抽象类型和元素都独立于元素词汇表。

在这个标准中,属性从语义、角色、附加信息、元数据等各方面赋予了元素意义。这就意味着,无论任何名称下的任何元素,只要具有正确的属性集,都可以放置在文档中。这可以确保一致性、有效性和交换都是基于属性,而不是元素名称。属性名是固定、不可或缺的,而元素名则受地方化语言和地区的影响。

内容模型 "欧洲标准化委员会/元数据法律"标准的内容模型用十种抽象类型定义(Palmirani et al., 2007),其中有五种是基本类型(也称为模式),另外五种专门用于特定目的类型。另有三种更为复杂的类型被添加进来,以创建派生的层次结构,但这三种类型并不能用于除派生(ur类型)以外的其他用途。

Ur 类型 所有其他类型均派生于以下三种基本类型:

• urType

明确了所有元素的基本属性

• urContentType

用于包含内容的元素

• urMetaType

用于成为元数据的元素

上述类型只将正确的属性分发给实际的内容模型。这些抽象类型的所有名称都以"ur"作为前缀，显示其抽象性。此处的抽象性意味着抽象类型不能（直接）实例化。

抽象类型　其基本模式包括：

- absContainerType

即包含其他元素序列的容器类型；

- absHcontainerType

即带有标题和数字的嵌套元素的分层容器类型；

- absBlockType

是最大的结构类型，其中文本和内联元素任意混合，例如，段落和其他（通常是垂直组织的）容器的文本和较小的结构；

- absInlineType

即文本和其他内联元素的内联容器的类型（例如，粗体）；

- absMilestoneType

即可以在文本中找到的空元素的类型（与下面提及的absTmeta相反）。

以下为专门化模式（specialized patterns）：

- absRootType

即实际上是文档根的容器类型；

- absMcontainerType

即包含元数据元素的容器类型；

- absMetaType

即被解读为元数据的空元素类型；

- absAnchorType

即具有锚点属性的内联元素类型（是超文本锚点的源或者目标）；

- absDateType

即具有日期属性的内联元素类型（以便可以基于ISO8601的e:date[①]属性，以明确的句法指定所包含的任何格式的日期）。

抽象元素　抽象复杂类型中所包含的每个元素的抽象元素：

1. absRoot：根的抽象元素；
2. absContainer：对内容进行建模的抽象元素；
3. absHcontainer：法案层级结构的抽象元素；
4. absBlock：用于文档片段部分的抽象元素，通常为一个段落；
5. absHtitle：用于层级结构内含标题的抽象元素；
6. absInline：用于描述段落内任一部分的抽象元素；
7. absMilestone：用于描述文档中任何空白部分的抽象元素；
8. absMcontainer：用于建模元数据容器的抽象元素；
9. absMeta：用于将元数据建模为Mcontainer内空元素的抽象元素。

这些元素被用作符合标准的数组元素替换的头部元素。此处的抽象性意味着元素不能（直接）实例化，而只能被替换。所有抽象元素的名称也都以"abs"为前缀。

具体类型　具体类型被分为被包含在所有抽象类型中的泛型类型和非泛型类型。

非泛型类型包括：

1. rootType
2. containerType

[①] "欧洲标准化委员会/元数据法律"规范中所预见的一个可扩展标记语言属性。——译者

3. hcontainerType

4. blockType

5. htitleType

6. inlineType

7. milestoneType

8. mcontainerType

9. metaType

10. dateType

这些可以用于定义符合标准的元素。

泛型类型包括：

1. genRootType

2. genContainerType

3. genHcontainerType

4. genBlockType

5. genHtitleType

6. genInlineType

7. genMilestoneType

8. genMcontainerType

9. genMetaType

10. genDateType

上述类型可直接用于标准应用中。

具体元素　具体元素分为泛型元素和非泛型元素泛型元素以它们所替换的模式命名：

1. root

2. container

3. hcontainer

4. block
5. htitle
6. inline
7. milestone
8. mcontainer
9. meta

上述元素用具体类型来定义，具体类型是抽象类型的一种实例化。例如：

<xsd:element name="root" type="e:genRootType" substitutionGroup="e:absRoot"/>

泛型类元素可以实例化，并且符合标准。

非泛型类元素指的是那些可以被创建为符合标准，且用于法律渊源的、以可扩展标记语言载体表现的元素；为了创建非泛型元素，可以对一种具体的复杂类型做如下界定：

<xsd:complexType name="articleType">
　<xsd:complexContent>
　　<xsd:restriction base="e:hcontainerType">
　　　<xsd:sequence>
　　　　<xsd:element ref="e:absHtitle" maxOccurs="unbounded"/>
　　　　　<xsd:choicemaxOccurs="unbounded">
　　　　　　<xsd:element ref="e:absContainer"/>
　　　　　　<xsd:element ref="e:absHcontainer"/>

```
        </xsd:choice>
      </xsd:sequence>
      <xsd:attributeGroup ref="e:globnumb"/>
    </xsd:restriction>
  </xsd:complexContent>
</xsd:complexType>
```

然后根据指定的子类型，创建一个抽象元素中的数组替换元素，如下所示：

```
<xsd:element name="article" type="articleType"
             substitutionGroup="e:absHcontainer"/>
```

"欧洲标准化委员会/元数据法律"标准有下列三种不同的应用方式（Palmirani et al.，2007）：

• 直接使用泛型元素。在这种情况下，不需要使用其他既定标准，而采用"欧洲标准化委员会/元数据法律"标准直接标记文档实例；

• 如有既定标准，使用xsi:type和xsi:name机制添加适当的类型和名称。在这种情况下，文档标记是既定标准和新类型模式之间的一个折中；

• 构建一个充当包装程序的可扩展标记语言模式定义（XSD），并且将既定标准的每个元素都定义为对"欧洲标准化委员会/元数据法律"具体或者抽象元素及其类型的限制或者扩展。这一方式的主要效果是使那些根据国家标准（如"元数据法律""语义网规范""莱克斯达尼亚""电子法律"）所表示的

"欧洲标准化委员会/元数据法律"标准文件，在欧洲标准化委员会/元数据法律标准下也有效。

第三节　非洲倡议："阿科玛·恩托索"项目

2004年和2005年，联合国经济和社会事务部（United Nations Department for Economic and Social Affairs，简称为UN/DESA）制定出"加强非洲议会信息系统"（Strengthening Parliaments' Information Systems in Africa）项目，旨在利用信息和通信技术改进议会服务的质量，便于议会议员开展工作，并且通过提出新方法促进议会活动进程向市民社会开放，最终赋能立法机关，使其更好地履行民主功能。在第一个阶段，项目得到了"语义网规范"团体的积极支持，也受到"语义网规范"项目成果的影响。

"阿科玛·恩托索"[1]框架是一套关于泛非环境下电子议会服务的参考指南，在"加强非洲议会信息系统"项目中发挥了战略性作用。该框架涉及信息内容，为建立和连接全非洲议会信息系统推荐了技术政策和规格，并特别提出了一个可扩展标记语言文档模式，为不同的议会文档类型（包括议案、法案和议会记录等）提供精细化的描述方式，因而不仅使得议会信息系统更易于实现，也促进了非洲不同议会系统之间的互联互通，最终实现议会信息的开放获取。

"阿科玛·恩托索"是开发综合议会信息系统（Parliamentary

---

[1] 西非的阿肯人用Akoma Ntoso（英语直译为"相连的心"）这个符号来表示理解和同意。

Information System，简称为 PIS）的一个必要基础。议会信息系统将目标定位于，提供安全可靠，能够及时收集、存储、访问以及传输信息的解决方案，最大化国家立法机构的工作效率和成效，其目的是通过利用基于开放标准和多种人类语言的开源多平台应用程序，为议会提供一种能够促进议会的可访问性、透明度和问责制的解决方案。

在"阿科玛·恩托索"框架提供的指导下，各国议会将在其国家电子政府倡议中增加泛非维度，从而实现议会之间的泛非互联互通。因此，"阿科玛·恩托索"框架意在补充，而不是替代可能存在的国家互联互通指南，并且为指南增加一个泛非维度。

"阿科玛·恩托索"框架主要包括三个目标：
- 为议会之间的数据交换定义一个通用标准；
- 为可建立议会系统的基础文档模型定义规约；
- 为议会之间的数据引用和交叉引用定义一种简单的机制。

"阿科玛·恩托索"框架旨在提供两种基本类型的互联互通：一是语义上的互通性，即确保接收数据的任何人或者任何应用程序能够理解交换信息的确切含义；二是技术上的互通性，旨在确保所有与"阿科玛·恩托索"相关的应用程序、系统、接口都是基于一套共用核心技术、语言和技术性假设，从而简化数据交换、数据访问和必要能力和工具的重新利用。"阿科玛·恩托索"框架通过强制使用开放标准和开放文档格式，保障技术上的互通性。

第四节 亚洲倡议

亚洲倡议是在大学院系作为相关研究主力的背景下提出，

第二章 立法标准化中的其他方案

用于定义立法可扩展标记语言的标准。

例如，日本名古屋大学信息科学研究生院最近开展了一项利用法规数据库，对法律法规进行汇编的研究（Ogawa et al., 2007）。

日本已经建立了一些制定法的电子数据库，如帝京《法律适用通则法》数据系统（Horei Data Teikyo System，简称为Horitsu）。然而，数据库通常只包含那些截至数据库建立时，可以检索到的当前版本，或者那些仍在实施中的法律。尽管有些数据库包含了之前的版本，但通常情况下，数据库仅包含建库之时的版本。因此，要将制定法的每一个版本都存储在一个数据库中，就必须以数字化的形式复原大量的文件。

然而，这对于数量庞杂且持续增加的制定法来说，并不是一件容易的事情。事实上，例如在国会（Diet）颁布的法案中，约有1800项法案是现行有效的。另外，在过去的120年里，已颁布的法案有12000余项，目前每年颁布的新法案达200余项，其中约150项为修正案。除此之外，还有约5500项内阁和各部制定的命令和条例是现行有效的。

还有另外一个问题。与许多国家一样，日本通过颁布修正案来修改一项制定法。修正案的详细内容由修订条款加以清晰描述，历次修正案经与当前版本合并后，将形成新的版本。因此，在反复将历次法律修正案的版本进行合并的过程中，原则上从第一个版本到当前版本的每一个版本都不可或缺。然而许多时候，新的版本并不能轻易准确获得，因为完成该项任务需要具备相关的汇编知识。事实上，到目前为止，日本的法律汇编仍然需要由立法专家手动完成相关的书面工作，而汇编知识则必须从立法的技术指南（参见Maeda，2003）中获取，或者求教于其他专家。

　　以上问题表明，有必要为制定法建立一个自动法律汇编系统。为此，名古屋大学提出，基于修订条款（amendment clauses）的形式化为日本的制定法建立一个自动法律汇编系统。修订句子包含形式化修订条款，后者用16种正则表达式（regular expression）进行形式化表示。

　　自动法律汇编系统采用了可扩展标记语言技术。通常情况下，一项日本制定法由标题、内容、主要规定、补充规定（附则）等逻辑结构要素组成。同时，主要规定也包含一个由篇、章、节、节段（subsection）和分部（divisions）组成的层级结构。此外，章以下的要素也是层级化的，其子结构包括款（articles）、段（paragraphs）、项（items）、子项（subitems），等等。

　　基于上述原因，一个文档类型定义被设计出来，用于标识日本制定法中的结构元素，并根据该文档类型定义标记法律文档。每一次修订活动的执行都是一次对文本中的字符串或者文档结构的操作。

　　修订活动被划分为以下十种：

　　1.对制定法文本字符串的修订：(a) 替换，(b) 增加，和 (c) 删除

　　2.对制定法结构要素如节、款、项等的修订：(a) 替换，(b) 增加，和 (c) 删除

　　3.对结构要素编号的修订：(a) 重新编号，(b) 附加，和 (c) 转换

　　4.同时执行上述几项修订活动，特别是替换标题字符串和重新编号结构要素。

以上十种活动被编码为正则表达式,自动法律汇编系统通过执行上述修订活动,实现汇编行为。

针对要修订的法律,研究人员开展了系列实验。实验对象为1947年以来所颁布的17项法案(参见帝京《法律适用通则法》数据系统)的第一版。每个第一版都对应少则1项、多则16项的修正案(参见帝京《法律适用通则法》数据系统)。为了获得方案的当前版本,需要对将这17项法案的历次历史版本都进行汇编。实验从以上诸多的修订案中抽取了965条修订条款。

随后,将系统生成的每项法案的最终版本与从现有数据库(帝京《法律适用通则法》数据系统)获取的当前版本进行比对。待比对的文本被表示为一幅树状图,法案结构(文本信息的节点)就是树叶部分。在4355篇文本中,有4332篇结果相同,从而证明了该方法的有效性。

第五节　美国倡议

美国倡议的典型特色是:推动法律标准的不仅有制度性倡议,还有非制度性倡议,尤其是目前一些重要的私人性倡议正在向法律团体推广语义网标准。

一、一个制度性案例:美国国会众议院的可扩展标记语言

美国国会众议院的立法起草服务(the US House of Representatives, Office of the Legislative Counsel,简称为HOLC)由国会法律顾问办公室提供。法律顾问办公室为众议院成员、众议院委员会成员、众议院和参议院间的会议委员会的成员提供立

法起草服务及其相关协助。所签署的纸质版本提交给众议院书记员,该版本即为正式记录文件。

众议院立法起草服务团队由大约35名律师和一个约含15人的辅助团队组成,受众议院议长任命的法律顾问办公室领导。

由于纸质版本是记录文档,起草者为客户提供可以在办公室打印的排版本或者PDF文件。目前,立法纸质版通过以下两种方式之一创制:

• 起草者使用DOS编辑器和Xywrite程序,创建一个包含法律语言排版代码的文件,然后由政府印刷局(Government Printing Office,简称为GPO)开发的排版程序处理该文件。排版程序输出一个奥多比页面描述语言(Adobe PostScript)文件,随后将其打印或提取为PDF文件;

• 或者,起草者使用科亿尔数码科技(Corel)的XMetaL应用程序,创建一个可扩展标记语言文件,转换为排版编码文件,并按照上述方式进行处理。

对众议院来说,完成立法起草向可扩展标记语言的过渡,是一个既充满挑战又有价值的过程。基于此,众议院自2001年1月起就开始将可扩展标记语言编写环境用于众议院决议上,并于2002年9月起用可扩展标记语言起草法案。众议院还计划在2004年1月之前用可扩展标记语言起草95%以上的提案。公众可以通过国会图书馆的托马斯网站(http://thomas.loc.gov/)和政府印刷局的网站(http://www.access.gpo.gov/)查询法律文件。国会图书馆正在使用可扩展标记语言文件,改进文档显示技术;政府印刷局开发了Microcomp的新版本,对可扩展标记语言文件和定位器编码文件进行排版。关于文档类型定义、模式(schemas)以及可扩展标记语言议案和决议的实例,可登录

http://xml.house.gov 网站进行查询。网站特别为议案、决议和修正案制定了文档类型定义和可扩展标记语言模式版本的可扩展标记语言标准。

这一用于起草法律的可扩展标记语言编写环境的发展，为创建"智能"编辑环境提供了机遇，而这一"智能"编辑环境正是在底层可扩展标记语言结构所创造的上下文的基础上创建的。此外，立法起草方法上的细微改变也为效率提升创造了条件。新的"智能"编辑环境下的目标是：

- 减少起草者对排版产品的关注；
- 使起草者对立法语言本身给予最大的考量；
- 为起草过程提供"即时"的知识支持；
- 在一个"所见即所得"（WYSIWYG）的（非标记）环境中提供所有服务。

二、一个非制度性案例："法律资源描述框架"

"法律资源描述框架"（Legal-RDF）是法律标准化领域最重要的非制度倡议之一（McClure，2007）。

"法律资源描述框架"是一个非营利组织，由律师事务所、软件公司和其他对利用软件工具推动语义网（Semantic Web）发展感兴趣的利益相关者发起。

以建立实现法律标准化的法律资源描述框架为目标，法律界将降低成本，提升法律服务质量，并且培育出一个有利于大规模定制法律产品的环境。

从这个意义上说，语义网对法律行业来说是一项颠覆性技术。律师事务所通过提供满足客户需求的产品来实现快速发展，而这些客户通常可能不会寻求法律建议。基于推理的软件为向这些客户提供具有可接受风险水平的法律服务创造了机遇。

因此,"法律资源描述框架"社区的策略是创建两个数据库:一个是将综合性的开源本体资源应用于制定法(statutory codes)的结构化描述,另一个是将综合性的开源本体资源应用于行政法(administrative codes)的结构化描述。语义网社群(Semantic Web community)随后利用这些数据库来开发推理软件,实现行业的有序增长。

以上策略建立在一种认知基础上,即应用于多类型法律文档(例如,合同和遗嘱)的功能性需求与法律条文中的功能性需求几乎相同。在相关软件同等适用于两个领域的情况下,这一策略的好处将会很快扩散至整个社区。相应地,无论从经济、社会还是从法律的角度,任何以独立于或者先于法条类本体形式所开发的合同类本体,都是不可取的。

第六节 澳大利亚倡议

一、"颁布计划"

自20世纪90年代后半期以来,澳大利亚通过"颁布计划"(EnAct)项目将信息和通信技术引入立法过程中。项目涉及塔斯马尼亚州政府、加拿大政府、美国一些联邦州政府和新西兰政府。"颁布计划"是一个立法起草、管理和传送系统,旨在使塔斯马尼亚州政府为社区提供更好的立法信息服务(Arnold-Moore et al., 2002)。"颁布计划"项目为社区提供了一种设施,使公众能够以更具效率与经济效益的方式对可信赖、可搜索的塔斯马尼亚州法律汇编的最新版本进行查询。系统本身所具有的"时间点"（point-in-time）性能，允许用户搜索和浏览自1997年2月1日以来任何时间点的法律汇编数据。塔斯马尼亚州通过自动化立法起草和汇编过程中的大部分任务，实现了上述目标。

"颁布计划"系统的知识库利用结构化信息管理器（Structured Information Manager，简称为SIM），直接存储标准通用标记语言片段及相关元数据。法案以片段的形式存储在结构化信息管理器中，并带有时间戳，以标记片段或目录有效性的时间间隔（开始时间和结束时间）。结构化信息管理器知识库包含标准通用标记语言解析器，可基于标准通用标记语言片段的逻辑结构开展复杂的索引编制，并且支持时间点搜索。在指定一个时间点后，过滤器被应用于数据库中，仅保留在该时间点有效的那些片段和目录。这样，就可以像浏览整个数据库一样搜索和浏览数据库快照（snapshot）。结构化信息管理器的网络服务器也使用相同的标准通用标记语言解析器。这就允许从片段存储库中动态生成的超文本标记语言（HTML）页面，向万维网页面传递参数。这意味着，可以用多种不同的方式查看同一个存储库。在当前的公共站点中，人们可以查看带有或不带有历史注释的片段。换句话说，人们可以在一边查阅单个片段，而在另一边查看目录，或者将目录和所有片段统一合并到同一文档中。所有的交叉援引均被激活为超文本链接。由于所有的超文本链接都是用数据库中查询激活的，所以，通常比较容易做出反向的超文本链接，即显示所有用于查阅该片段或者该项法案的片段列表。当查看历史记录时，那些显示系统中处于修订中的法案也就是这些法案的超文本链接。目录可以看作常规的节号和眉批（section number and headnote），也可以是节号和指向相应片段的后续版本的链接列表。这就使人们可以快速了解条款的历史。新增的一项功能是每个片段设置了上一个和下一个版本的按钮。

除了向用户的浏览器提供超文本标记语言的公共网站之外，塔斯马尼亚州印刷管理局（Printing Authority of Tasmania，简称为PAT）也使用相同的知识库生成"按需"定制的授权性重印。公众可以联系塔斯马尼亚州印刷管理局商店，要求重印指定日期的一项具体法案。用户通过搜索知识库，以找到该时间点的相关目标和片段，并且将目录和片段统一合并到一个单独的标准通用标记语言文档中，然后使用结构化信息管理器格式化程序将合并后的文档转换为富文本格式（Rich Text Format，简称为RTF）。该富文本格式的文本表征随即将传递到高速打印机进行纸张输出。每份授权版本在印刷前，均附有一份经国会总法律顾问（Chief Parliamentary Counsel）认可的真实性证明。

文档末尾显示两个表格。第一个表格显示了自该法案颁布以来适用于该法案的所有修正案的名称和开始生效的时间。第二个表格列出了每一个经修订的条款及其修订方式。在"颁布计划"系统中，由公共万维网网关和专用印刷机构网关共享的数据库并非唯一的存储库。一个工作数据库也保存在对象链接和嵌入过程控制（object linking and embedding for process control，简称为OPC）服务器中。该工作数据库包含公共知识库中的所有内容，还包含政治上敏感的拟定草案，以及有关法案状态和其他法律草案的所有工作流信息。数据定期从生产数据库迁移到出版数据库中，以防止入侵并保持公共存储库中数据的完整性。

在过去，每一次的法律汇编都是一个烦琐的人工处理过程。

起草者或者文职人员需要核对和整理每一份修正案文本并逐节审阅，以对一项或多项主要法案（Principal Acts）逐一修正。以往的起草者都是直接对修订的法律进行排版，将法律修订效果和描述文本结合起来。塔斯马尼亚州政府展示了一种不同的方法。起草者使用法律人较为熟悉的划线和下划线标记的方法，对主要法案的汇编进行标记。而用于标记的修订语言和措辞随后可以自动生成。

这些标记为更改描述文档（Change Description Document，简称为CDD）的一种内部（标准通用标示语言）表示所捕获。这些变化随之被用来生成修正案措辞，并被附加到存根或实质性法案（stub or substantive Bill）之后（Arnold-Moore，1997）。该流程由工作流执行服务（Workflow enactment service）管理，它将更改描述文档和生成的修正措辞保存在一起，以便在修正案生效之时和之后，可以将这些修订自动应用于该原则，从而在历史存储库中生成新的片段。

二、"司法部门元数据计划"

"司法部门元数据计划"（Justice Sector Metadata Scheme，简称为JSMS）是对《澳大利亚政府定位服务元数据标准》（Australian Government Locator Service，简称为AGLS）元数据计划的发展。该计划是为澳大利亚新南威尔士州的组织所设计的，用以在互联网上发布法律材料。"司法部门元数据计划"对《澳大利亚政府定位服务元数据标准》遵循的"简单"都柏林核心（Dublin Core）元数据元素进行了一些细微的改动。它不使用《澳大利亚政府定位服务元数据标准》中的任何特定元素，但会添加一些自己的元素。

第三章　立法标准的实施工具

立法文件标准的制定正在推动对整个文件工作流（workflow）的重新设计。这一变革并不局限于立法机构内部，也影响了参与立法文件管理的所有人员（主要是公共行政部门与出版人）。

各个国家性项目中定义的统一资源名称和可扩展标记语言标准，广泛继受了立法文件中可识别的性质、属性与关系的复杂性。

通常情况下，处理可扩展标记语言文件的通用工具都只能为用户提供泛用的支持，因为这些工具并不考虑所要执行的特殊标准（如"语义网规范"项目、"元数据法律"项目，等等）的细节，且常常不能有效地处理由这些标准界定的文件类型的复杂性。

因此，重新设计立法文件工作流时要应对的主要挑战之一，即是要为用户提供处理此类复杂性的特定工具，并实施由各个国家标准设置的限定。例如，尽管"语义网规范"项目和"莱克斯达尼亚"项目共享了由因特网工程任务组（Internet

Engineering Task Force，简称为IETF）制定的元规则，但二者所确立的统一资源名称模式在命名规则上并不相同；同样，"语义网规范"项目的文档类型定义/可扩展标记语言模式也在一些方面有别于"元数据法律"项目的可扩展标记语言模式。造成这些差异的原因，既有各国法律体系本就存在的多样性，也有定义文件元素时所使用的语言，还有各标准为文件元素给出的不同限定，即便这些标准共享了万维网联盟制定的元规则。

本章将展示一些由意大利国家研究委员会法律信息理论与技术研究所在"语义网规范"项目中开发的工具。这些工具可同时用于处理既往立法文本内容和新定内容的结构与语义。本章还将专门讨论附带产生的技术原则与实施细节，并将其视作其他立法标准实施工具的设计基础。

另外，"语义网规范"项目中由博洛尼亚大学"法律的历史学、哲学和社会学以及计算机科学与法学"跨学科研究中心开发的工具，以及"元数据法律"项目中由阿姆斯特丹大学莱布尼兹法律中心开发的工具亦在本章的讨论之列。

第一节　既往内容的处理工具

为了便利"语义网规范"标准的采纳，研究人员开发了许多可根据"语义网规范"标准对既往立法文本内容作自动化或者半自动化处理的工具。当中，各种自动化路线事实上被赋予了特殊的重要性，因为它们具备一些有助于推行"语义网规范"标准的关键要素。

意大利国家研究委员会法律信息理论与技术研究所使用了

四个软件模块来处理既往内容，它们有能力管理法律文本的形式结构并从中提取语义：

1.可扩展标记语言法律链接器（xmLegesLinker），是一个解析器（parser），设计上用于检测交叉参照并构造相应的统一资源名称；

2.可扩展标记语言法律标记器（xmLegesMarker），是一个文件结构解析器，设计上用于将既往内容自动转换为"语义网规范－可扩展标记语言"下的表达；

3.可扩展标记语言法律分类器（xmLegesClassifier），是一个条款自动分类器，根据"语义网规范"项目的条款模式自动将段落分类为条款（Biagioli et al.，2005a）；

4.可扩展标记语言法律提取器（xmLegesExtractor），是一个条款参数提取器，可自动识别条款的参数（Bartolini et al.，2004b）。

前两个模块能够检测法律文本的形式轮廓（第一章第二节第一部分），并生成符合"语义网规范——可扩展标记语言"标准的描述。后两个模块能够检测法律文本的功能轮廓（第一章第二节第一部分），并且生成对应于"语义网规范——可扩展标记语言"标准的语义标注。

一、可扩展标记语言法律链接器

一份法律文本可能包含多处指向其他法律条文的交叉参照，这些条文必须使用相应的统一资源名称来描述，以便在网络发布时将其包含的参照转化为有效链接。通常情况下，构建统一资源名称所需的信息已包含在引文中（例如，引文"Act 24 November 1999, No. 468"可生成如下"语义网规范－统一资源名称"描述的信息："urn:nir:stato:legge:1999-11-24;468"）。

应当特别指出，在对既往内容进行转换的这一阶段中，为每一条参照都手动构造一个统一资源名称是烦琐且耗时的。基于这一考虑，研究人员开发出可扩展标记语言法律链接器（xmLegesLinker）这一模块，用于自动分析法律文件、检测交叉参照并为交叉参照指派相应的统一资源名称。

可扩展标记语言法律链接器的解析器建立在引文词汇库和借助扩展巴科斯范式表达的统一资源名称语法（第一章第一节第一部分）的基础上，采用LEX[①]和YACC编译器[②]技术而生成的（Johnson，1975；Lesk，1975）。

首先，应用LEX技术生成词法分析器（yylex）。该分析器有能力检测引文词汇库中的"记号（tokens）"，也即符号（包括语词、数字和标点符号），如图3.1所示。

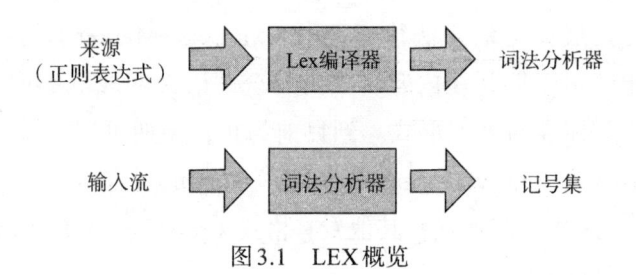

图3.1 LEX概览

[①] LEX是一种可用来描述词法的描述性语言（该定义引自"术语在线"https://www.termonline.cn/的"LEX"词条）。——译者
[②] YACC的全称是"yet another compiler compiler"，它是一种用来生成编译器的编译器，接受文法以及和文法规则相联系的动作作为输入，生成能分析该文法所描述语言的语法分析程序（该定义引自"术语在线"https://www.termonline.cn/的"yacc"词条）。——译者

接下来，使用YACC技术来生成句法解析器（yyparse），该解析器有能力将LEX所生成的一个记号序列识别为对参照的表示，并由此建立相应的统一资源名称，如图3.2所示。

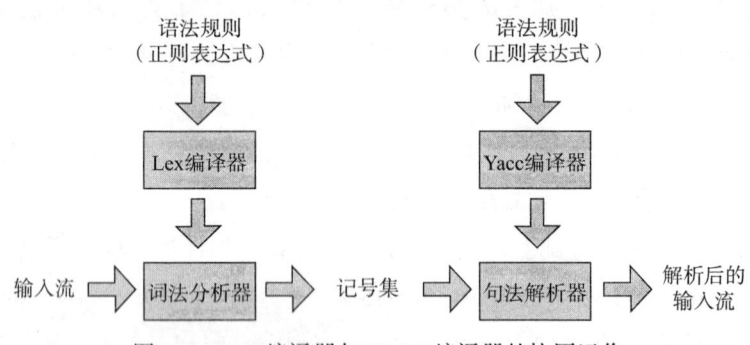

图3.2　LEX编译器与YACC编译器的协同运作

二、可扩展标记语言法律标记器

可扩展标记语言法律标记器（xmLegesMarker）的结构解析器能够用于把既往内容转换为符合"语义网规范－可扩展标记语言"标准的表现形式。到目前为止，预期可用于转换的文件原生格式（native formats）有超文本标记语言格式、纯文本格式与MS Word[①]格式；其他专有格式（proprietary formats）仍处于研究和考察中。

为了将既往法律文件从原生格式自动转换为"语义网规范－可扩展标记语言"格式，研究人员分别针对法律文本的不同部分采用了两种不同的解析策略。

对于文本的部分，使用的是一种不确定的有穷状态自动机

---

① 即微软公司Office软件系列中的Word软件所采用的格式。——译者

（non-deterministic finite-state automaton，缩写为NFA）的解析策略。为了对法律文本的正文进行分析，该不确定有穷状态自动机被定义为一个五元组（5-tupla），(VT, VN, R, I, Z)，其中：

- VT是词汇库，即所要处理的符号集（本文指语词、数字和标点符号）；
- VN是状态的集合，即使用"语义网规范－可扩展标记语言"的标记来描述的"语义网规范"元素；
- $R=VN\times(VT\cup\{\epsilon\})\to 2^{VN}$是状态间转换（transitions among the states）的集合，对应于文件分区的形式分割规则（ϵ是一个空符号，表示从一个状态到另一个状态但不扫描任何符号的可能性；2^{VN}是对VN的所有子集的集合的形式化表示：实际上，考虑到使用的是一个不确定的自动机，从一个状态出发将能转换至不止一个目的状态）；
- $I\in VN$是初始状态；
- $Z\subseteq 2^{VN}$是最终状态的集合。

依照上述自动机模型解析文本，一份法律文本的不同形式化部分能被映射到相应的"语义网规范－文件类型定义"的元素上去。

对于法律文本的页眉和页脚部分，研究人员则使用了不同的策略。事实上在法律文本中，页眉和页脚不常使用与"语义网规范"元素相对应的特定印刷字符来分隔形式分区。倘若要识别尽可能多的元素，只能通过一个特定的单词序列：其出现频率是可以估算的，且无需知晓该序列是产生自哪一个状态。此处讨论的思路正是要显现这些隐藏的状态。这是一个可借由隐马尔可夫模型（Hidden Markov Models，缩写为HMMs）来表示的典型问题。该模型本质上是一个概率自动机，其中的状态是不可观测的。

拉宾纳（Rabiner，1989）指出，每一个用来分析法律文本的页眉和页脚的隐马尔可夫模型都由如下内容构成：

• 模型中的一组状态集合 $S=\{s_1, s_2, ..., s_N\}$，用于对应每一个语词在法律文本中的逻辑含义。而不同状态的组合代表"语义网规范-文档类型定义"下的形式元素（例如，状态 s_i=日、s_j=月、s_k=年组合在一起即可表示"语义网规范-文档类型定义"的 date<日期>元素）；

• 每一状态所包含的观测符号（observation symbols）集合 $V=\{v_1, v_2, ..., v_M\}$，在本文中对应于从每一状态发散出去的同等数量的语词；

• $A=\{a_{ij}\}$，即状态移转的条件概率分布，用于指明对于每一个 $s_i, s_j \in S$ 而言，从状态 s_i 到状态 s_j 的概率，其中：

$$a_{kl}=P[q_t=s_i|q_{t-1}=s_j] \tag{3.1}$$

q_t 是时间 t 上的状态；

• $B=\{b_j(k)\}$，即观测符号的条件概率分布，用于指明对于每一个 $v_k \in V$ 与 $s_j \in S$ 而言，观测符号 v_k 处于状态 s_j 的概率（发射概率<emission probability>），其中：

$$b_j(k)=P[v_k\ at\ t|q_t=s_j], 1 \leqslant j \leqslant N, 1 \leqslant k \leqslant M \tag{3.2}$$

一旦模型构造完成，使用"维特比算法"（Viterbi Algorithm）（Viterbi，1967）即可为一个给定的观察序列给出唯一的最佳状态序列。运用该算法，对符号发射的观察便使概率自动机上的前行移动成为可能，移动的每一步都根据某个概率沿着所有可行路径前进。最后，应用回溯程序识别概率最高的唯一路径，进而识别出那个生成了被观测状态序列（在本文中，则是根据给定符号序列{语词、数字和标点符号}，重构法律文本各部分的形式结构）的特定状态序列。

三、可扩展标记语言法律分类器

针对法律文本语义的自动检测，可扩展标记语言法律分类器（xmLegesClassifier）被设计用来将段落自动地归类为条款类型（Biagioli et al., 2005; Francesconi 和 Passerini, 2007）。

从原理上说，这是以一种自底向上的策略（第一章第二节）在现有法律文本上应用条款模型的策略。该策略既可借助人工手段完成，也可自动化实现。以手动方式自底向上检测条款，本质上是一种分析的工作，需要找出一份立法文本中不同构成要素的潜在区别，并逐一挑选出（single out）其性质与功能。这项工作主要包括两项内容：一项是根据条款类型对立法文本的各部分分类；另一项是以一种融贯的功能视角看待法律体系，并通过条款参数定义各个文本片段的角色。自底向上的自动化（或半自动化）的条款检测则利用工具，实现检测、分类条款以及提取条款参数。

总的来看，自底向上的条款检测策略类似于依据特定元数据模式，运用元数据完成对一份立法文本的定性（例如根据主题来对文本作分类）。在本文中，可以把条款类型及其参数的检测看作是运用分析性元数据对立法文本作定性的过程。

第四章将深入讨论可扩展标记语言法律分类器的实现细节。

四、可扩展标记语言法律提取器

可扩展标记语言法律提取器（xmLegesExtractor）被设计用于自动检测条款的参数。该模块的用法是在借助可扩展标记语言法律分类器确定条款类型后，凭借自然语言处理技术和条款的特定句法来提取条款参数。这一方法旨在根据与不同条款类型相关的特定语义角色，挑选出与之相对应的文本片段。在实际应用中，可扩展标记语言法律提取器作为一套自然语言处理工具已用于意大利语文本的自动分析（Bartolini et al.，2002a），专门处理法律用语的特殊文体习惯（Bartolini et al.，2004b）。

第四章将深入讨论可扩展标记语言法律提取器的实现细节。

第二节 立法编辑器

一、可扩展标记语言立法编辑器

为了生成符合"语义网规范"标准的新法律文本，意大利国家研究委员会法律信息理论与技术研究所开发了一个专门的编辑器，即可扩展标记语言立法编辑器（xmLegesEditor）。该编辑器纳入了可处理既往文本内容的模块，并可以在原生的"语义网规范－可扩展标记语言"格式与"语义网规范－统一资源名称"格式上运行。

"语义网规范"下的文档类型定义/可扩展标记语言模式涵盖了一个广泛且复杂的文件子集，子集的内容主要是法律条文与规制法案。从"语义网规范"的标准看，假如没有编辑系统的指引和辅助，如何操作生成新的文件以及如何转换既有文件会成为摆在用户面前的一道难题。

虽然已有现成的可扩展标记语言的文件起草程序，但它们在处理特定类型的文档时都存在局限性，尤其对于实施"语义网规范"标准所设的限定来说，这些程序的编辑功能都相对笼统且并不完整。一项可扩展标记语言标准越是复杂，就越是需要对泛用的可扩展标记语言编辑器作个性化定制。

还有一些其他的解决方案，例如调整 Microsoft Word 或 Open Office 以使之合乎特定的可扩展标记语言标准，也存在类似的局限性。尽管用户更加熟悉这些软件，但若要根据某一特定的可扩展标记语言标准来使用这些软件生成新的文档，也不可避免地要作相应的个性化处理；而且标准越是复杂，用户就越需要使用与之相符的特殊编辑功能，而那些泛用的（甚至更高级的）编辑功能在此并不适用。此外，这些解决方案还存在另一个不足：它们处理文件时所依据的格式是应用软件的专有格式。因此，本文讨论的文档类型定义/可扩展标记语言模式的句法规则必须先映射到这些专有格式上。基于上述考虑，我们决定为"语义网规范-可扩展标记语言"格式的文档开发其原生格式下的专门处理环境。

就像有专门的编辑器可供人们在超文本标记语言的文档类型定义/可扩展标记语言模式下生成超文本标记语言文档一样，我们同样有专门的可视化编辑器，用以在"语义网规范"的文档类型定义/可扩展标记语言模式下起草法律文本。该编辑器的名称是可扩展标记语言立法编辑器，[1]由意大利国家研究委员会法律信息理论与技术研究所的计算机科学部门在斯皮诺萨（Pierluigi Spinosa）的主导下开发（Agnoloni et al., 2007）。可扩展标记语言立法编辑器由一个法律起草环境构成，支持专门

---

[1] http://www.xmleges.org

的意大利语立法技术功能。该编辑器也是"语义网规范"编辑器（NIREditor）的开源版本（Biagioli et al., 2003, 2005b），后者是意大利国家公共行政信息技术中心在"语义网规范"项目中开发出来的。

可扩展标记语言文档提供了内容表达上的巨大潜力，可扩展标记语言立法标准也正是抓住了这一点。而开发可扩展标记语言立法编辑器及其先前版本"语义网规范"编辑器的目的，就是要在两种考虑之间达成协调：一方面是充分利用这一内容表达的潜力来实现灵活性与可扩展性的最大化；另一方面则是开发一种隐藏了背后的可扩展标记语言结构的、对用户更为友好的文本撰写方法。为此，研究人员努力克服了"所见即所得"（WYSIWYG）[①]编辑器（如MSWord）与"所见即所意"（WYSIWYM）[②]编辑器的传统分野。可扩展标记语言的进路也隐含了这个分野，内容与呈现效果（content and presentation）在可扩展标记语言中是分离的。

另外，在采纳一项可扩展标记语言标准并由此选择相应的文档编辑器时，可扩展标记语言意义上的文档有效性（document validity）问题也是要着重应对的。严格界定文档类型定义（或可扩展标记语言模式）是文档形式结构标准化的有力工具，对它们的强制遵循也是确保文档生命周期中涉及的那些软件智能体得以互联互通的关键。

然而，在生成文档的过程中执行上述定义并严格遵守其规

[①] 即 What You See Is What You Get，使用这种编辑模式的文档编辑器会在编辑的同时呈现最终的印刷版输出结果。

[②] 即 What You See Is What You Mean，使用这种编辑模式的文档编辑器只呈现文档的逻辑标记（logical mark-up）而非物理上的版式安排。

则，对典型的编辑器来说并不是一项可以轻易完成的任务。另外，如果对可扩展标记语言标签的有效性校验或者手动管理无法实现，特别是对立法标准这样的复杂标准而言，那么原先遵循标准来生成文档的期望也将彻底落空。

针对上述困难，可扩展标记语言立法编辑器提出了一种原创性的解决方案，既能确保安全、有效地实现可扩展标记语言验证（不限于良构性{well-formedness}检查），也能做到对用户完全透明，无需用户在典型的文字处理操作以外投入任何其他精力或者增加对可扩展标记语言的认知。这一解决方案可被视作一种"先定"（a priori）的有效性验证方案，其基本原理是：编辑器给用户的操作设下了透明的约束，让用户只能对文档开展有效的操作；也就是说，从一个有效的文档模板开始操作，最后生成的也只是有效的文档。

为了实现上述行为模式，研究人员开发了一个软件模块，用于从可扩展标记语言立法编辑器（v. 2.0-rc6）查询文档类型定义或可扩展标记语言模式，并推荐那些可以在一个特定文件环境中插入的有效可扩展标记语言元素。

可扩展标记语言立法编辑器的软件体系结构[*]

随着可扩展标记语言立法编辑器的应用，"语义网规范"编辑器（NIREditor）的软件体系结构也在朝着注重组件模块化的方向不断修正，以最大程度确保不同软件模块的可扩展性与可重复利用性。

在处理既往内容与生成新文档上，可扩展标记语言立法

---

[*] 在本段落的写作上，意大利国家研究委员会法律信息理论与技术研究所的托马索·阿尼奥洛尼（Tommaso Agnoloni）亦有贡献。

编辑器涵盖的功能与"语义网规范"编辑器相同。但它也加入了一些新的功能：尤其是它的编辑环境，赋予用户在焦点窗格（focused panes）管理特殊文件元素（如交叉参照与注释）或章节（如附件）的能力。此外它也可以处理新的文件类型，甚至根据先前版本中公布的相关"语义网规范－文档类型定义"来起草新的法案，并且实现包含议院修正案在内的法案多版本管理，以及生成为议会程序准备的工作文本，包括议会修正前后的两种法案版本的对比。作为一种原型功能，修正案文本的自动化生成也可实现。

从软件工程的角度看，可扩展标记语言立法编辑器是在一种以组件为基础的体系结构上构造出来的，其中的每一个组件都提供特定的软件服务。另外，可扩展标记语言立法编辑器也严格界分了泛用的可扩展标记语言模块与"语义网规范"项目的专门模块。前文述及的泛用可扩展标记语言模块就是一个典型的例子，该模块有能力查询文档类型定义或者可扩展标记语言模式，并根据文件上下文提供有效的可扩展标记语言元素。

正是由于模块界分，已开发的组件便具备了可重复利用性，从而在相同的先定（*a priori*）验证模态下实施专用于支持其他可扩展标记语言标准，尤其是立法可扩展标记语言标准的可视化编辑器。在这种情况下，只需将一个应用组成文件夹的不同服务加以组合，即可得到完整的编辑器应用。在可扩展标记语言编辑器核心的基础架构上，把"语义网规范"模块替换为面向其他不同标准开发的专门模块，即可得到一个全新的编辑器。该体系结构如图3.3所示。

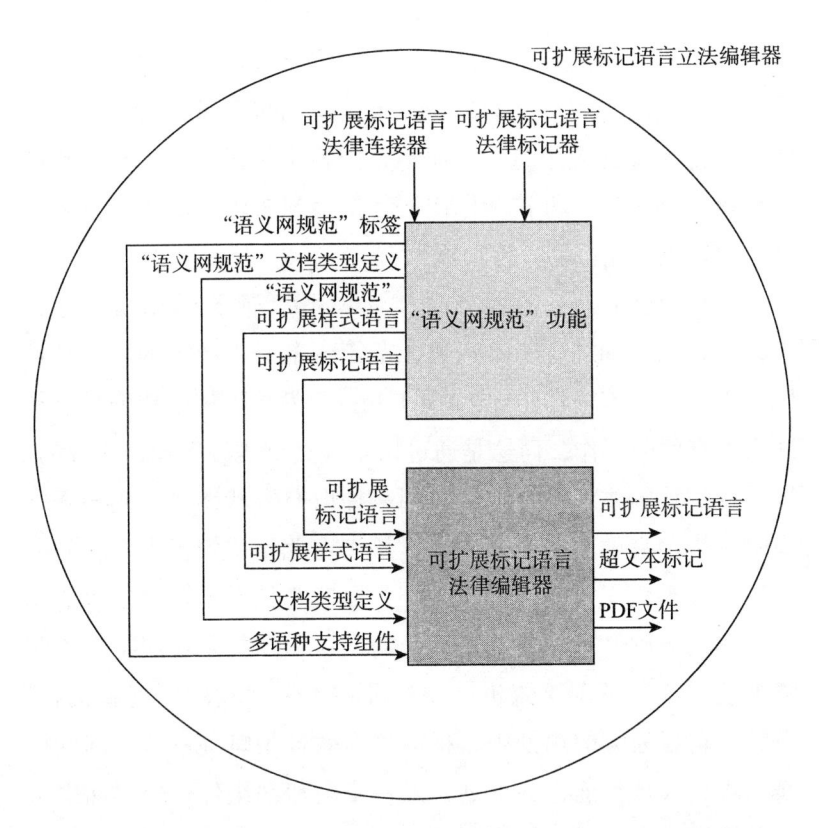

图3.3　可扩展标记语言立法编辑器（xmLegesEditor）的软件体系结构

可扩展标记语言立法编辑器可以看作是以下两个层级交叠的产物：

可扩展标记语言法律编辑器核心层（xmLegesCore）

可扩展标记语言法律编辑器核心层在底层为构造一个基础的泛用型可视化可扩展标记语言编辑器提供了所需的功能。它的参数包括：受其支持的那些标准的文档类型定义/可扩展标记语言模式文件夹；可扩展样式表转换语言（XSLT）的样式文件夹，用于编辑器内部可视化与根据输出格式（如超文本标记语言格式或PDF格式导出文件；一个或多个包含文本标签与图标的文件夹，用于用户界面的完全自定义与多语种支持。所有这些参数都保存为应用参数，而不是内置于代码以确保最大程度的可重复利用性。可扩展标记语言法律编辑器核心层在下列四个方面提供了完整的软件功能：

• 有效性管理：这是通过接入规则管理器（ruleManager）服务实现的。如前文（本章第二节第一部分）提到的，可扩展标记语言立法编辑器（xmLegesEditor）的一个核心特征是仅允许输入有效的操作，而这是通过情景式查询规则管理器实现的：规则管理器提供了一种方法，用来提取有穷状态自动机的图结构所解析出来的文档类型定义，从而在此结构中预先校验某一操作的效果而无需实际操作文档。更改文档类型定义，也会相应地影响规则管理器的答案。起初，这一项技术被用来在不频繁更改代码的情况下跟进一项标准在不断演化中的更新状态。当然，它更强大的用处则是把前述有效性策略提供给不同的标准。研究人员目前也在计划开发一个类似的组件来提供面向可扩展标记语言模式的查询服务，使得基于该格式的标准也能纳入可扩展标记语言法律编辑器核心层（xmLegesCore）的支持范围。

• 文档管理：文档管理器（DocumentManager）组件专用于提供访问泛用型可扩展标记语言文档的服务。这些文档先被解析为文档对象模型（Document Object Model）的格式，并在该格式中供用户访问和修改文档的各组成部分。文档的打开、保存和多层撤销的管理功能都是通过文档管理器这个组件得以完成的。

• 文档可视化：如前文提到的，文档可视化的策略就在于，通过在可扩展标记语言文档上应用可扩展样式表转换语言的样式，来实现超文本标记语言文档在多个不同的操作面板上的可视化。然而，为了在这一方向上提供编辑功能，需要在原先的可扩展标记语言文档元素和可视化超文本标记语言文本之间建立起映射，使文档可视化成为一个双向的进程，并将超文本标记语言编辑器各个面板上的输入储存到对应的可扩展标记语言元素中。这是借由可扩展样式表转换语言映射器（XsltMapper）和可扩展样式表转换语言窗格（XsltPane）来实现的，这两个组件是可扩展标记语言法律编辑器核心层可视化功能的核心。

• 多语种支持：实际上，在编辑器用户界面中出现的所有标签与图标都是从各个本地化文件夹中提取的。写入源代码的内容是访问这些文件夹的唯一钥匙。这意味着只需简单更改某些 *locale* 文件夹，就可以用不同的图标完成对整个用户界面的翻译与自定义，而无需实质更改代码。这项服务由多语种支持（简称为i18n）组件提供。

以上软件功能是在各自独立且标准无涉的组件中实现的。

可扩展标记语言法律编辑器"语义网规范"标准

可扩展标记语言法律编辑器"语义网规范"标准（xmLeges NIR）在顶层为可扩展标记语言法律编辑器核心层提供参数，以使后者专用于"语义网规范"标准。此外，还有许多"语义网规范"的专门组件被开发出来，提供增强的功能来支持"语义网规范"标准。外部模块集成也由这一层次提供。

应当指出，正是通过上述体系结构，大多数关于有效性校验、可视化和基本元素管理的功能可以比较容易地在开发其他标准的编辑器中得到重复利用。

开源计划

可扩展标记语言立法编辑器（xmLegesEditor）的一个基本特征在于，它是一个通过开源许可分发的免费资源。对于公共行政领域的软件来说，开源是一个普遍趋势（Cospa，2006）。另外对于像"语义网规范"这样由众多需求各异的主体所共享的公开标准（open standard）来说，将实施它的工具开源化也是一个十分自然的选择。

对于意大利国会、法院、公共部门、大区议会而言，"语义网规范"标准可以在不同的层面满足其不同需求。"语义网规范"标准背后的理念是为各项特殊功能的开发提供一个可高度定制化的平台，并轻易地将现有的或者新设计的工具集成为平台的外部模块。

另外，可扩展标记语言立法编辑器是完全用 Java 语言写成的。Java 语言不与任何平台相绑定，这让用户可以自由选择运行可扩展标记语言立法编辑器的平台。包括 GNU/Linux 在内，如今在行政机关中鼓励使用的一些免费和开源的操作系统，也可以运行可扩展标记语言立法编辑器。在可扩展标记语言立法编辑器的开发中使用的所有软件库都有稳健性（robust），且皆是高度可靠的开源库，它们主要来自于"阿帕奇软件基金会"（Apache Software Foundation）。在数据处理的每一个层面，用于管理数据的工具都是公开、符合万维网联盟标准且商业上免费的软件。可扩展标记语言立法编辑器作为原生（native）的可扩展标记语言编辑器，意味着它从未被转换为（或者转换自）任何专有格式，从而预防了任何厂商锁定（vendor lock-in）的可能，并为数据管理的完全透明性提供了额外的价值。而这种透明性是不可忽略的，尤其在公共数据（public data）管理的环境中。

从这一角度看，那些在可扩展标记语言工具开发领域尤为活跃的开发者社群，应能在本文上一节提到的双层体系结构的鼓励下更多参与进来（Microsystem，2006），进一步完善可扩展标记语言法律编辑器核心层（xmLegesCore），从而开发出一个功能完整、稳健的泛用型可视化可扩展标记语言编辑器，作为普遍使用的免费资源而共享（Saqib，2005）。

如今，可扩展标记语言立法编辑器发行候选版本的二进制分发包已可在www.xmleges.org上免费下载，源代码库也可在线上检索到。可访问源代码的开源计划主页、用户手册与开发者手册，以及诸如邮件名单、维基页面、软件错误（bug）追踪系统等协作资源还在搭建中。

最后，就上述特征而言，可扩展标记语言立法编辑器被认为在两个方面做出了首创性贡献。其一，该编辑器为各个国家开发各自专门的立法编辑器搭建了一个共享的平台。其二，该编辑器将支持即将到来的欧洲标准，各个国家的标准将作为其特化版本，遵循可扩展标记语言立法编辑器开发中所形成的相同模块化规则。

可扩展标记语言立法编辑器的文本起草环境如图3.4所示。

可扩展标记语言立法编辑器的功能结构

可扩展标记语言立法编辑器的功能结构建立在"语义网规范"编辑器内置的功能结构上，由比亚焦利（Carlo Biagioli）根据先前有关立法起草的研究而设计（Biagioli，1992；Biagioli et al.，2005b）。

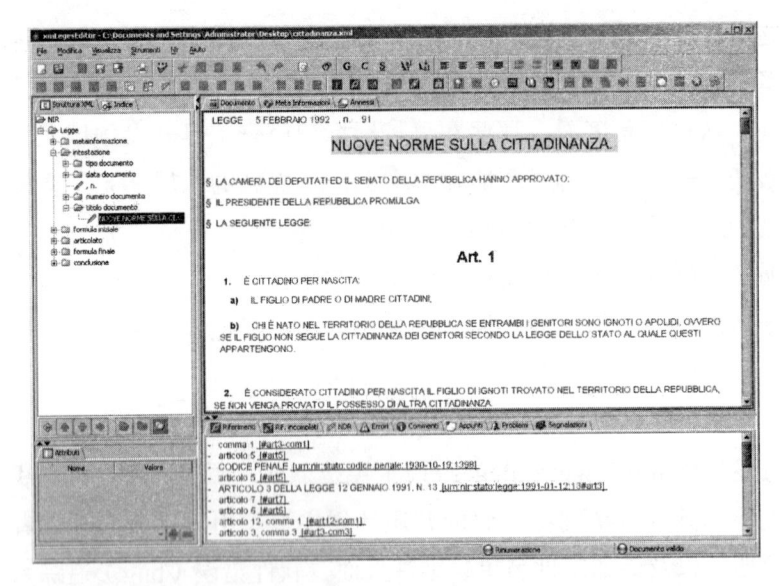

图3.4 可扩展标记语言立法编辑器环境

可扩展标记语言立法编辑器是在"语义网规范-统一资源名称标准"与"语义网规范-文档类型定义"的框架内运行，其在设计上针对两个工作场景，即处理既往法律内容和辅助起草新的文本。在这两个工作场景中，可扩展标记语言立法编辑器被设计用于处理法律文本的形式轮廓与功能轮廓，兼用手动与自动的设施。可扩展标记语言立法编辑器兼具处理新法案的构造与组织新法案的主要功能是由比亚焦利提出的。具体描述如下：

新文本的构造

从新文本构造的角度，可扩展标记语言立法编辑器被视作一种可视化编辑器，用来辅助用户根据"语义网规范-文档类型定义"来生成有效的文件。与泛用型可扩展标记语言编辑器不同，可扩展标记语言的有效性无需在可扩展标记语言立法编

第三章　立法标准的实施工具

辑器的编辑环境中校验，因为"语义网规范"编辑器只允许用户进行有效的操作。另外，该立法编辑器还帮助用户使用表单（forms）来构造一份新文件的特定章节，并容许引入由"语义网规范-文档类型定义"提供的元数据。

在可扩展标记语言立法编辑器的指引下，可插入由"语义网规范-文档类型定义"提供的可扩展标记语言形式分区。这意味着，该立法编辑器会根据插入点的文本环境为用户提示可引入的元素。

起草环境特有的设施包括对分区的自动编号和在文本移动、更改的情况下对内部参照信息进行更新。在构造的外部与内部交叉参照时，自动化机制得以纳入：对话窗口的运用使得构造交叉参照及其相应的统一资源名称成为可能，并得以调用可扩展标记语言法律链接器（xmLegesLinker）——一个应用于文本全篇或部分选定的文本段落上的交叉参照分析器，以根据文本的语言表述，自动生成参照及相应的统一资源名称。

表单则广泛用于引导文档起草人编写文档的各个特定部分，甚至也根据法案的不同类型，为文本的页眉和页脚提供典型的句子。

如同其他文字处理工具一样，可扩展标记语言立法编辑器也可以使用两种策略来构造一份新的文本：一种是自顶而下的构造策略（top-down composition strategy），即预先指定结构，随后在其中插入内容；另一种是自底而上的构造策略（bottom-up composition strategy），即先不按顺序插入文本片段，经组织再插入一个合适的结构中。构造工作的下一步是将分析性元数据及其参数应用至各个文本分区中。这既可手动进行，也可使用可扩展标记语言法律分类器（xmLegesClassfier）和可扩展标记语言法律提取器（xmLegesExtractor）作为辅助。在插入元数据后，起草人可使用它们来确定文本的最佳结构（这是元数据在提高法律文件信息系统的搜索与提取服务质量之外的另一用处）。

此外，分析性元数据还可用于撰写文本的各个分区的标题，因为标题是根据分析性数据的同一个标准而插入的，也就是说，通过使用意义明显的词汇来总结各个分区的内容。

新文本的组织

新文本的组织可以选择两种相互替代的策略：形式组织策略（formal organization strategy）和功能组织策略（functional organization strategy），分别与法律文本的形式轮廓和功能轮廓相对应（Biagioli，1997；Valente 和 Breuker，1997；van Kralingen，1997）。

形式组织策略按照文本的形式轮廓来考虑文本，将文本看作是不同分区的组合（条文的集合）。运用该形式组织策略，起草人可明确清晰地选出那些级别相近的分区，以备后续将它们放在一起组成新的分区。可扩展标记语言立法编辑器则创建高一级的新分区，应用形式化的文本组织规则。

功能组织策略根据文本的功能轮廓来考虑文本，并将文本的每一个基本组成部分视作一个条款。起草人要完成与形式策略相同的操作，只不过是以一种间接的方式：那些待分组为新分区的各个分区是根据它们的内容、联系等而挑选的，另外，分区在文本中的位置则是根据起草人的喜好与文本呈现的习惯程式而确定（Biagioli，2000）。

总体上，起草人在这一文本组织策略中对那些将要组织在一起的分区的选择，是通过查询与这些分区相关的分析性条款（条款类型、参数、参数内容）而实现的。

对新法案修改的支持

一个新法案常常需要经历修正、批准的立法流程，研究人员近来也为该流程开发了合适的辅助功能。总的来说，起草人可以借助这些功能修改已提出的法案，比较其修改前后的版本差异，以生成一个统合修改后的版本，并同时生成一个关于修订内容的文档来详细地描述前述修改的细节。

二、规范性文件起草编辑器

在"语义网规范"项目中，意大利博洛尼亚大学法学院"法律的历史学、哲学和社会学以及计算机科学与法学"跨学科研究中心也发布了另一个编辑器——规范性文件起草编辑器（Norma-Editor）。该编辑器与规范性文件起草服务器（Norma-Server）都通过万维网服务（Web Service）技术实现互联，二者共同构成意大利规范性法律文件管理系统（Norma-System）的组成部分。[①]

规范性文件起草编辑器（Norma-Editor）是一个在Microsoft Word环境上运行、使用Office XP的Visual Basic.NET开发的专用编辑器（Palmirani和Brighi，2006）。它为用户提供了处理立法文本与一般性法律资源的设施（起草、标注、充实元数据、可扩展标记语言转换），主要面向管理法律起草流程与法律文件生命周期的人员，以及搭建法律数据库并在官方公报或商业出版物上发布法律资源的出版人员。规范性文件起草编辑器也具

[①] Norma-System是意大利博洛尼亚大学法学院研究人员所开展的一项研究课题，是为起草、标记意大利规范性法律文件等活动而开发的文件管理系统。Norma-Editor是用于起草意大利规范性法律文件的编辑器，Norma-Server是该系统的服务器。——译者

有处理既往内容（将既往内容转换为可扩展标记语言格式，以及检测交叉参照并使用统一资源名称来表达）与编写新文本的功能。这些功能可用于管理文本附录的层级、使用所选取的文档类型定义或可扩展标记语言模式转换不同的输入格式（超文本标记语言格式、可扩展标记语言格式、资源描述框架格式、文本格式，等等）至符合可扩展标记语言的格式、帮助用户统合与更新法律文件以从中构造出现行有效的法律总体。如今，规范性文件起草编辑器已用于支持"语义网规范"标准与"阿科玛·恩托索"标准。规范性文件起草编辑器的截图如图3.5所示。

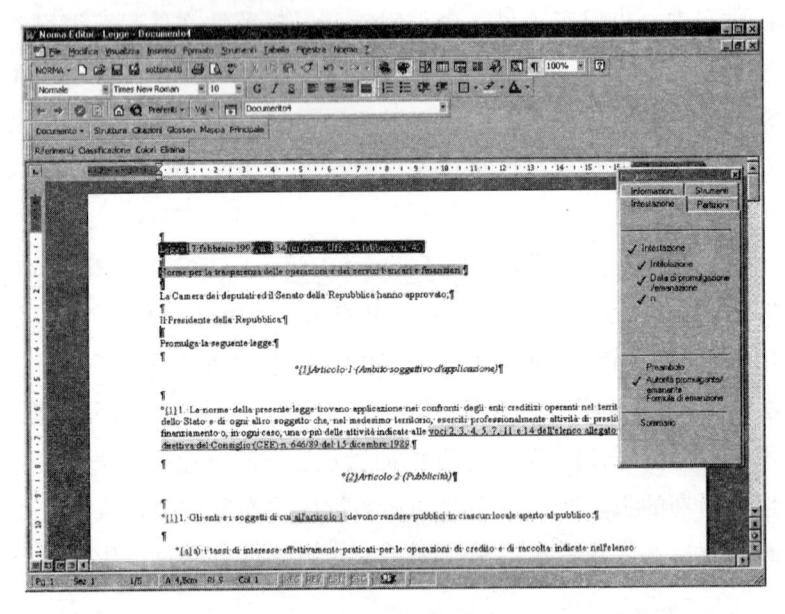

图3.5 意大利规范性法律文件起草编辑器（Norma-Editor）

规范性文件管理服务器（Norma-Server）则构成了意大利规范性法律文件管理系统（Norma-System）的服务器

（Palmirani和Brighi，2006）。它使用J2EE平台环境开发，可提供文件仓储（可扩展标记语言文档、doc及多媒体文件）与元数据存储服务，还包含一个关系数据库管理系统（relational database management system，简称为RDBMS），用以大批量存储、提取元数据与生成知识库关系。此外它还可基于法律领域特有的时态模型实现版本管理，从而完成对整个版本链条的把控。在这一方面，意大利规范性法律文件管理系统的一个主要特色便是它对法律文本统合全过程（the conlidation process）的支持。该系统能够生成一个法律文件的规范链条（也即所有达致当前文件状态的文本修正）、一个法律文件的版本管理链条（也即该文件曾经历过的所有版本）、该法律系统在特定时间点所受到的来自于某件已发生事件的影响（例如，投射出这个规范体系在前述事件被宣告无效后的状态）、被替换文件的完整清单以及文件与其附录之间的关系。

三、"元数据法律"法规起草环境编辑器

"元数据法律"法规起草环境编辑器（MetaVex）是由阿姆斯特丹大学莱布尼兹法律中心开发的法规起草环境。它的目标是实施"元数据法律"标准并提升立法流程的效率，同时兼具足够的灵活性以易于适应不同的可扩展标记语言模式。

为了达成上述目标，该编辑器主要根据以下特殊要求而开发（van de Ven et al.，2007）：

首先，编辑器意图在外观和用户感受上接近普通的文字处理软件（也即一个"所见即所得"的交互界面，如图3.6所示），从而令法律起草人即使不熟悉特定命令或技术符号也能创建文本结构与内容。

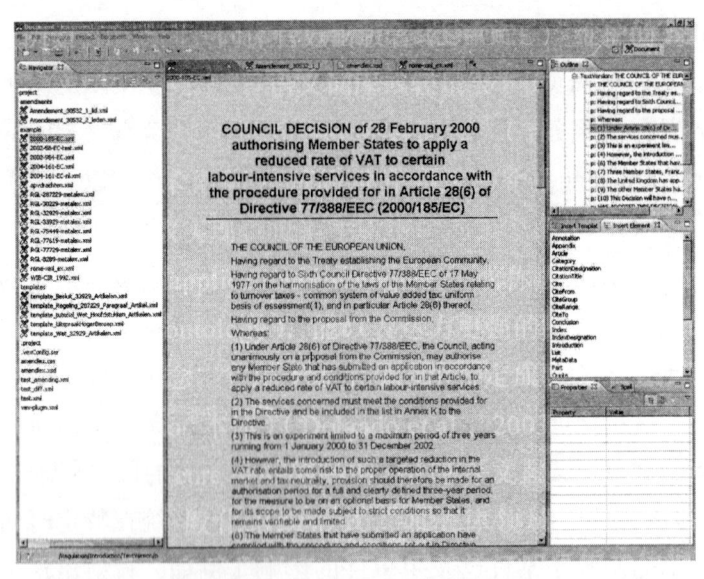

图 3.6 "元数据法律"法规起草环境编辑器（MetaVex）

其次，编辑器还意在辅助起草人依照指定的法律起草模式撰写文本。为此，编辑器会为用户提供写作建议和预先定义好的语句模板，以改善和加速文档结构与内容的生成。这一编辑器还有利于用户在撰写中参照其他的法律文本资源并提供校验被引资源有效性的方法，从而加快和改善对其他法律文本资源的参照的生成。一些文档的额外信息，例如作者、版本、修改等，则是通过使用元数据以及面向元数据的各项功能而提供的。

其他以工作流为导向的功能还包括对文档版本进行管理。这一版本管理功能将使用户一直具备识别文档最新版本的能力，并且提供群件设施（groupware facilities）令多个起草人能在同一个项目上相互协作、分享各自的评论或者修改现行立法，并且阐明其授权和责任管理。

最后，用户还可将文档储存在本地或远程的数据存储库

（data repository）中。存储库拥有高级搜索机制，并容许用户直接发布既往格式的文本、发布处于早期起草阶段的法律草案以在起草流程中实现与公众（商人、公民及利益团体）交互。

从一个更技术性的角度看，"元数据法律"法规起草环境编辑器是一个不依赖于任何平台的开源编辑器，与可扩展标记语言可视化编辑器（Visual Editor for XML，简称为Vex[①]）共享其代码库的大部分。这一编辑器的开发是在Java Eclipse[②]开发平台上进行的。

把可扩展标记语言作为底层文档结构来使用，便于用户根据"元数据法律"（MetaLex）模式文件夹中定义的规则来校验"元数据法律"法规起草环境编辑器所生成文档的结构有效性。这一编辑器甚至还能够用来检查哪些元素可被插入一份文档的指定位置，并且同时维持可扩展标记语言结构的良构性（well-formed）和有效性。编辑器正是通过用户接受从这些元素中进行选择，从而令用户只能向文档中添加有效元素。

"元数据法律"法规起草环境编辑器还包含一个窗格，以提供特定模板供用户选择。此外，这一全新的文档向导还让用户基于预定义的模板撰写新的文件，所用的预定义模板是根据《荷兰法律起草指南（1992年版）》（Dutch Guidelines for Legal Drafting, 1992）构造的。

"元数据法律"法规起草环境编辑器用户界面的大多数特征与可扩展标记语言立法编辑器相同，例如，该编辑器所包含的操作面板，能够选择和插入元素、编辑属性值以及在文件结构

---

① http://vex.sourceforge.net/
② http://www.eclipse.org

间导航；它还同样可以将文件导出为超文本标记语言与PDF文档格式。此外，借助可扩展标记语言模式所提供的可能性，同一文本的多个版本可在同一个编辑面板内完成编辑与可视化。最近，"元数据法律"法规起草环境编辑器还增加了其他功能，来辅助修正案的创建以及对原始文本与修正案的一体化统合。在不久的将来，在语义网导向下处理资源描述框架/网络本体语言标准（RDF/OWL）的功能也有望被纳入进来。

第四章 立法文本语义的自动识别

在立法文本中自底向上地检测条款（见第一章第二节）常常要求具有法律专业知识。而且这项工作还相当耗时，尤其对于检测那些冗长复杂的文本而言。因此，需要开发一个自动化系统，来辅助条款分类与参数提取等智力活动。

如本书第三章第一节第三部分所介绍的，意大利国家研究委员会法律信息理论与技术研究所开发的可扩展标记语言法律分类器（xmLegesClassfier）是一个可以在立法文本中自动检测条款类型的模块。开发该分类器的一个基本预设，同时也是许多立法者所共同注意到的前提是，一个作为形式轮廓基本组成部分的"段落"往往包含一个"条款"，而条款则是功能轮廓的基本组成部分。面对一份"语义网规范－可扩展标记语言标准"格式下的立法文件，可扩展标记语言法律分类器模块凭借条款类型对段落作出分类，并根据"语义网规范－可扩展标记语言标准"的分析性元数据模式将这一分类信息插入当前的文档中。

本书第三章第一节第四部分所述的由意大利国家研究委

员会计算语言学研究所[①]开发的可扩展标记语言法律提取器（xmLegesExtractor）是另一个模块。该模块可根据相应的模型来提取每一个已分类条款中的参数（例如，识别一项义务的行为人、行为、相对人）。

  这两个模块都为立法文本的语义描述（功能轮廓）做出了贡献。语义描述可以采用"语义网规范－可扩展标记语言标准"的分析性元数据语法，以一种机器可读的方式执行。以意大利隐私法第7条第1段的文本片段为例：

    任何［数据控制人］如要处理本法适用范围内的个人数据，皆应告知数据的担保人……

  根据"语义网规范－可扩展标记语言标准"的分析性元数据模式，可将该片段作如下刻画（已经英文本地化处理）：

```
<dsp:obligation>
    <dsp:pos xlink:type="simple" xlink:href="#art7-com1"/>
    <dsp:addressee> Controller </dsp:addressee>
    <dsp:action> Notification </dsp:action>
    <dsp:counter-party>Garante</dsp:counter-party>
</dsp:obligation>
```

[①] Institute of Computational Linguistics, Italian National Research Council, 简称为ILC-CNR。

第一节　可扩展标记语言法律分类器的实现[*]

可扩展标记语言法律分类器的主体是一种文本分类算法。该算法以表示一个条款的文本段落（以下简称为"文档"）d作为输入，从一个候选类的集合C中输出其预测类型c（type），或称"类"（class）。为了实施这一操作，可扩展标记语言法律分类器采用机器学习算法，在训练文档集D中使用已知类别进行训练，并学习一种能够对新的、未知的文档做出预测的模型。已有多种不同的机器学习方法被应用到自动文本分类任务中，而关于该主题的相关文献也十分丰富（一个全面的综述，参见Sebastiani，2002）。在执行这一项任务时，有两个关联密切的问题值得注意：一是文档表示（document representation）的选择问题，即如何将文档转换为可计算的格式；二是特定学习算法的采纳问题。

本章第一节第一部分将列举不同的文档表示类型，第二部分将介绍两种学习算法：朴素贝叶斯（Naïve Bayes）和多类支持向量机（Multiclass Support Vector Machines）算法，并评价这两种算法实现可扩展标记语言法律分类器的效果。最后，第三部分将报告不同方法与表示下详细的实验对比结果。

一、文档表示

当前已存在不少候选方案，都可以将文档表示成能由自动分类器处理的格式。不过，仍存在两个需要解决的问题：一

---

[*] 本节与安德里亚·帕塞里尼（Andrea Passerini）（DSI，佛罗伦萨大学）合作完成。

个问题是如何选择有意义的文本单位作为表示文本的原子单词（atomic terms），另一个问题是这些单词组合时需要保持的结构层级。对于第二个问题最常用的方法（也是我们的做法）是忽略单词在给定文档中的顺序，而只是把它们表示为无序的词袋。对于第一个问题，最简单的解决方案是把单个的词表示为单词，但也可考虑更加复杂的方案。不少研究者（Apté et al., 1994; Dumais et al., 1998）尝试将短语表示为单词，但相关实验并未带来显著的效果提升。路易斯（David D. Lewis）为这一现象提供了一种可能的解释（Lewis, 1992）。他认为，即便短语比单词具有更好的语义特性（semantic qualities），但其统计特性（statistical qualities）却常常逊色很多。因此，我们将文档表示限定为单个的单词。不过，我们还是可以对纯粹的单词作许多的预处理，以提升统计特性，包括：

- 对单词作词干提取（stemming）以将它们还原至形态词根（morphological root）；①
- 使用特殊字符来表示数字字符；
- 使用特殊字符来表示非字母数字字符。

一旦基本单词完成定义，便可以从训练文档集 $\mathcal{D}$ 中创建词汇表 $\mathcal{T}$，该词表包含所有在训练集中至少出现过一次的单词。一个单独的文档 d 将被表示为权重向量 $w_1, ..., w_{|\mathcal{T}|}$，其中权重 w_i 表示词汇表中的第 i 个单词相对 d 的语义所携带的信息量。我们尝试了不同类型的权重，按照复杂程度的升序列举如下：

- 二元权重 $\delta(w, d)$（binary weight），表示单词在文档中的

---

① 我们在此使用的是 snowball 软件，可在该页面下载：http://snowball.tartarus.org/algorithms/italian/stemmer.html。

出现/缺失；

· 词频权重 *tf* (*w*, *d*)（term-frequency weight），表示单词在文档中的出现次数，用以衡量其对文档内容的代表性；

· 词频逆向文档频率（Term Frequency Inverse Document Frequency，简称为 TFIDF）权重，表示单词相对文档的专有程度（degree of specificity）。词频逆向文档频率（Buckley 和 Salton，1988）是用如下公式计算的：

$$tfidf(w, d) = tf(w, d) * \log(|D_w|^{-1})$$

其中 $|D_w|$ 是包含了单词 w 至少出现一次的训练集片段占文档总数的比例。这一度量的原理是将词频与逆向文档频率进行衡量，从而压低那些在许多不同文档中出现的单词的区分度。

应当指出，任何在训练样本 $\mathcal{D}$ 上运行的学习算法都不能计算词汇表 $\mathcal{T}$ 不包含的那些单词的频率。因此，新的测试文档依旧会被表示为大小为 $\mathcal{T}$ 的向量，而所有不在 $\mathcal{T}$ 中的单词则被忽略。另外，与前文中所提及的"短语比单词有相对较差的统计特性"的情况类似，算法对极其罕见词的统计也是远不够可靠的，因为统计可能导致过拟合（overfitting）现象。为处理该问题，可以使用特征选择（feature selection）技术削减所要考虑的单词数量，从而实际地限制要采用的词汇表（例见 Sebastiani，2002；Yang 和 Pedersen，1997）。我们尝试了两种简单的方法：

· 针对一个单词在整个训练集中总的出现次数而设置无监督的最小频率阈值（unsupervised min frequency threshold），用以消除统计特性较差的单词。

· 针对单词的信息增益（information gain）（Quinlan，1986）

设置有监督的阈值（supervised threshold），用以衡量一个单词对不同类文档的区分能力。单词w的信息增益的计算方法如下：

$$ig(w) = H(D) - \frac{|D_w|}{|D|}H(D_w) - \frac{|D_{\bar{w}}|}{|D|}H(D_{\bar{w}})$$

其中H是计算一个标记集（labelled set）的熵（entropy）的函数 $[H(D) = \sum_{i=1}^{|C|} -p_i\log_2(p_i)$，$p_i$是D属于类别i的比例]，$D_w$是包含单词w的训练文档集，$D_{\bar{w}}$是不包含w的训练文档集。

信息论中的熵用来衡量从一个标签集中编码一类泛用元素所需的比特量，它取决于各标签在该集合中的分布。信息增益则用来衡量根据一个单词的出现与否划分训练集所造成的熵减，因此它偏好的元素是那些能生成带有更一致标签的子集。总体上，它衡量的是一个单词对不同类别的区分能力；易言之，它衡量的是一个属性对训练集作分类时的效果。实际上，给定一个单词w与一个数据集（内部用正例S_+和反例S_-标记），当所有包含w的文档都属于一个特定的类别比如S_+、所有不含w的文档都属于S_-时，w的信息增益值为最大。在本文的讨论中，这是指两个文档集的熵$H(D_w)$与$H(D_{\bar{w}})$均为0，信息增益$ig(w)$为最大 [$ig(w) = H(D)$]。总而言之，该方法能把区分力最强的单词从一组类别集中挑选出来。

二、分类算法

二分类是一种典型的机器学习任务，目前人们已为其研发了各式各样的方法。它向多类别情形的扩展在一些算法中是相对直截了当的，如决策树（decision trees）（Quinlan, 1986）、神经网络（neural networks）（Bishop, 1995）和贝叶斯分类器（Bayesian classifiers）（Jensen，1996），但在另一些算法中就需要更为复杂的扩展，如在支持向量机（Support Vector Machines）（Cortes和Vapnik，1995）中即是如此（Passerini，2004 为此提供了一个综述）。生成式vs判别式（generative vs discriminative）是区分各个分类算法的一个主要依据。生成式算法对每一个可能的标记都习得一个模型，并在给定一个实例与各模型时，将此情形下最有可能的标记预测为该实例的标记。判别式算法则在给定一个实例时直接学习标记的后验概率（posterior probability），且常常被认为更适合分类任务（Vapnik，1998），虽然针对非渐进行为（non asymptotic behaviours）有不同意见（Ng和Jordan，2002）。我们采取了一种名为朴素贝叶斯（Naïve Bayes）的简单生成式方法，它对文本分类已被证明非常有效（Joachims，1997）。我们采用的另一个方法是把支持向量机扩展到多分类，作为代表目前最高水平的一种判别式方法。

朴素贝叶斯分类器

贝叶斯分类器是一个概率分类器，它输出的是用下述贝叶斯定理计算的有最大后验概率的类：

$$P(c_i|d) = \frac{P(c_i)\,P(d|c_i)}{P(d)}$$

给定上一节描述的文档向量式表示，"朴素"预设表达的是：对给定的类，每一个单词在一个文档内的概率与其余单词的概率相互独立。从而，有最大后验概率的类是按如下公式计算的：

$$c^* = argmax_{c_i \in C} P(c_i) \prod_{k=0}^{|d|} P(w_k|c_i) \qquad (4.1)$$

其中的乘积遍历同时包含在 d 与词汇表 T 中的单词。单词可以只计入一次，或对其在文档中的每一次出现都记为一次，从而就实现了上一节描述的第一种与第二种单词权重架构。

令 $D_i \subseteq D$ 为属于类 c_i 的训练文档子集。训练阶段的概率是用如下方式计算的：

类 c_i 的先验概率按照 D_i 占 D 的比值计算：

$$P(c_i) = \frac{|D_i|}{|D|}$$

给定一个类 c_i，单个单词 w_k 的概率依如下公式计算：

$$P(w_k|c_i) = \frac{n_k+1}{n+|\mathcal{T}|}$$

其中 n 是文档 D_i 总的单词出现次数，n_k 是单词 w_k 在文档 D_i 中出现的次数。

应注意的是，第二个定义纳入了拉普拉斯平滑处理（laplace smoother），也即各单词在词汇表 $\mathcal{T}$ 中的均匀先验分布。

多类支持向量机分类器

核方法（Kernel Methods）（Schölkopf 和 Smola，2002；Shawe-Talyor 和 Cristianini，2004）是统计学习中公认的方法。它的理论背景相当深厚，在各种不同领域也有许多成功的应用。该方法的首次实施是在二分类任务中应用支持向量机（Support Vector Machines）（Burges，1998；Cortes 和 Vapnik，1995）。向多分类的扩展则要么借助二分类器的组合，要么直接实现支持向量机学习算法的多类别版本（对它们的评论与比较，参见 Hsu 和 Lin，2002；Passerini，2004）。我们选择第二种方案，并采用了一种由瓦普尼克（Vapnik，1998）与克莱默和辛格（Crammer 和 Singer，2002）各自独立开发的多类支持向量机（MSVM）（其他实现多类支持向量机的方案在所采纳的代价函数上有别，如 Lee et al.，2001；Weston 和 Watkins，1998）。下文我们将简短回顾多类支持向量机学习算法，集中关注文本分类任务常选用的无偏线性场景（unbiased linear case）。

假定一个训练集 $D=\{(\mathbf{d}_i, c_i) \in \mathcal{D} \times [1, C]\}_{i=1}^m$。对数量为 C 的可能分类，该训练集 D 收集了其中每一个分类的下属实例。[①] 多类支持向量机算法执行的决策函数的公式如下：

$$f(\mathbf{d})=argmax_{c \in [1, C]} \langle w_c, \mathbf{d} \rangle \quad (4.2)$$

其中 $\langle \mathbf{w}_c, \mathbf{d} \rangle$ 表示向量 $\mathbf{w}_c$ 与 $\mathbf{d}$（二者的大小皆为 $\mathcal{T}$）之间的点积（dot product）。在此，我们对 C 个可能类别中的每一个都有参数向量 $\mathbf{w}_c$，它在由 $\mathbf{d} \in \mathcal{D}: \langle \mathbf{w}_c, \mathbf{d} \rangle =0$ 给定的向量空间 $\mathcal{D}$ 中确定一个分离超平面（separating hyperplane）。那些有 $\langle \mathbf{w}_c, \mathbf{d} \rangle >0$ 的实例 $\mathbf{d}$ 有可能属于类别 c，而 $\langle \mathbf{w}_c, \mathbf{d} \rangle <0$ 则削弱 $\mathbf{d}$ 属于类别 c 的可能性。决策函数 f 为置信度最高的类别分配一个新的实例 $\mathbf{d}$。

为学习参数 $\mathbf{w}$ 而用多类支持向量机算法解决的最优化问题被表达如下：

$$\min_{\mathbf{w} \in \mathcal{D}^C, \xi \in \mathrm{IR}^m} \frac{1}{2} \sum_{c=1}^{C} \|\mathbf{w}_c\|^2 + \frac{1}{\lambda} \sum_{i=1}^{m} \xi_i \quad (4.3)$$

并受如下条件约束：

$$\langle \mathbf{w}_{c_i}, \mathbf{d} \rangle - \langle \mathbf{w}_p, \mathbf{d}_i \rangle \geqslant 1-\xi_i,$$
$$i \in [1, m], p \in [1, C] \backslash \{c_i\} \quad (4.4)$$
$$\xi_i \geqslant 0, \quad i \in [1, m]. \quad (4.5)$$

要最小化的目标函数（如公式4.3所示）由两个互补的项组成：第一个项要最小化参数向量 $\mathbf{w}$ 的二范数（square norm），因此在复杂假设与简单假设之间更偏向于后者。第二个项用于表达

[①] 我们使用粗体字的 d 来强调其向量性质。

训练集中出现的错误，意图拟合训练数据。正则化超参数λ则用于平衡两个互补项。约束4.4表达的是对一个给定的实例$\mathbf{d}_i$，其被正确地分配了c_i的置信度（confidence）应当比其他分配$p \neq c_i$至少大1，如果设置了最大违例（greatest violation），则按照其给予线性惩罚ξ_i。1作为置信度的值，又称为置信边际（confidence margin），习惯上用于保证最优化问题有唯一的解。

图4.1展示了一个习得性假设的实例（an example of learned hypothesis），我们可以在其中区分违例与支持向量（support vectors），它们是对所习得的决策函数负责的训练实例的子集。该例子也展示了前述算法如何实际地学习大边际假设，也即使用一个大的多类别边际（multiclass margin）（被表达为置信度为1的类别超平面之间的最小距离）来分离超平面。

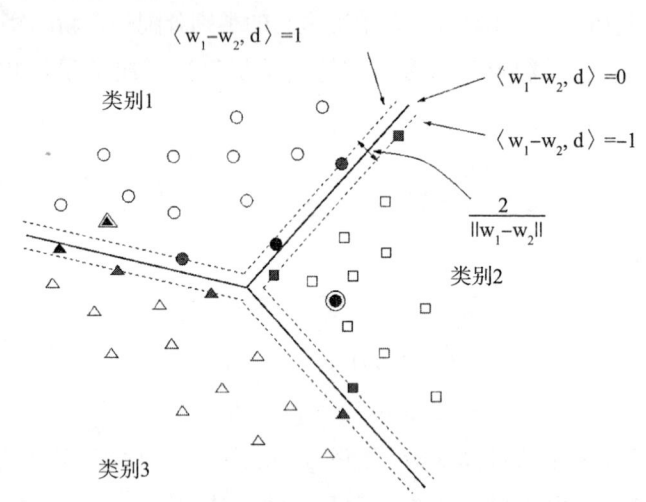

图4.1 运用多类支持向量机解决多分类问题

实线表示分离超平面，点状线表示置信边际等于1的分离超平面。多类别边际是两条点状线之间的最小距离。灰色的点是支持向量，黑色的点则表示对约束的违例，额外的边界线表示那些同时也是训练错误的违例。

三、实验结果

我们在含有582个条款的数据集上开展大范围的实验，这582个条款分布在11个类别中，代表着同数量的条款类型，如表4.1所示。

表4.1 类别（条款类型）与实验中被归入每一类别的文件数量

类别标记	数据集的类别	文件数量
c_0	废止（Repeal）	70
c_1	定义（Definition）	10
c_2	授权（Delegation）	39
c_3	简化（Delegification）	4
c_4	义务（Duty）	13
c_5	例外（Exception）	18
c_6	插入（Inserting）	121
c_7	禁止（Prohibition）	59
c_8	许可（Permission）	15
c_9	惩罚（Penalty）	122
c_{10}	替代（Substitution）	111

我们在实验的预备阶段发现，如果处理文档之前就将被引用的句子从文档中移除，会使算法在分类任务中有更好的表现。实际上，这些句子通常并不表达与它们所属的条款类型相关的语义信息，且由于它们所包含的文本非常多样，可能使统计模型表现不佳。经过这一预处理步骤后，我们在朴素贝叶斯和多类支持向量机算法上尝试了本章第一节第一部分所描述的文档表示法与特征选择策略的许多组合。我们采用了留一法（*leave-one-out*，简称loo）程序来衡量不同策略与算法的表现。对一个

有n个文档的数据集$D=\{d_1, ..., d_n\}$，留一法是由对学习算法的n轮执行构成的。在每一个第i轮中，算法在$D \backslash d_i$上训练并在单独被留出来的文档d_i上测试。留一法的准确率则通过结果正确的测试与测试总数的比值计算得到。表4.2展示了朴素贝叶斯算法在不同文档表示与特征选取策略上的留一准确率与训练准确率，后者是所有留一法验证轮次中的训练准确率的平均值。（从序号列之后起的）前三列表示可能的预处理操作。第四列指代被采用的术语权重架构［对朴素贝叶斯里说是二元权重（δ）与词频权重（tf）］。接下来的两列则是为特征选取策略设置的：无监督的最小频率与有监督的最大信息增益，后者实际上指示了根据信息增益排序后需要保留的单词数量。最后两列则表示留一法准确率与训练准确率。

表4.2　朴素贝叶斯算法在不同文档表示法与特征选取策略下的详细结果

#	替换数字字符	替换非字母数字字符	词干提取	权重架构	最小频率选择	最大信息增益选择	留一法准确率（%）	训练准确率（%）
1	否	否	否	δ	否	否	79.38	93.64
2	是	否	否	δ	否	否	79.21	91.92
3	是	是	否	δ	否	否	79.38	91.92
4	是	是	是	δ	否	否	83.33	92.10
5	是	是	是	δ	2	否	84.71	94.50
6	是	是	是	tf	2	否	82.47	92.44
7	是	是	是	δ	2	2000	84.71	94.50
8	是	是	是	δ	2	1000	85.57	95.88
9	是	是	是	δ	2	500	88.66	95.53
10	是	是	是	δ	2	250	88.14	94.33
11	是	是	是	δ	2	100	86.25	91.24
12	是	是	是	δ	2	50	85.22	87.80

虽然替换数字或非字母的字符并不能改善表现，但词干提取还是有助于把有共同语义的单词聚类。简单二元权重架构则表现得比词频权重更好，与此同时基于信息增益的特征选取则能更显著地提升表现。

表4.3包含了在多类支持向量机算法上开展相同实验的结果，并额外增加了以词频逆文档频率为术语权重架构的实验结果（即表中的 *tfidf*）。应注意的是，无论使用何种策略，留一法的准确率相比表4.2都有所提高，从而确证了支持向量机算法相比简单生成模型来说在判别任务中是更有成效的。不过，二元权重架构在两个算法的实验中都是最优策略，这可能源于我们训练集中的条款的术语数量都比较少；这一事实使得有关术语出现次数的统计数据不那么可靠。在该情形下唯一能略微带来改善的是特征选取，从而也确证了支持向量机算法对相当大的特征空间的有效处理能力。

表4.3 多类支持向量机算法在不同文档表示法与特征选取策略下的详细结果

#	替换数字字符	替换非数字字母字符	词干提取	权重架构	最小频率选择	最大信息增益选择	留一法准确率（%）	训练准确率（%）
1	否	否	否	δ	否	否	91.24	100
2	是	否	否	δ	否	否	90.38	100
3	是	是	否	δ	否	否	90.38	100
4	是	是	是	δ	否	否	91.92	100
5	是	是	是	δ	2	否	91.92	100
6	是	是	是	*tf*	2	否	88.14	100
7	是	是	是	*tfidf*	2	否	89.18	99.66

（续）

#	替换数字字符	替换非数字字母字符	词干提取	权重架构	最小频率选择	最大信息增益选择	留一法准确率（%）	训练准确率（%）
8	是	是	是	δ	2	2000	91.92	100
9	是	是	是	δ	2	1000	91.92	100
10	是	是	是	δ	2	500	92.44	100
11	是	是	是	δ	2	250	91.24	100
12	是	是	是	δ	2	100	88.66	100
13	是	是	是	δ	2	50	87.80	98.11

最后，表4.4展示了最佳分类器——表4.3中编号为10的多类别支持向量机的混淆矩阵（confusion matrix），报告了其对个体类别的预测细节。横排指代真实的类别，纵列则指代所预测的类别。应注意，最主要的错误来自那些本身包含较少文档的类别，从中只能学习质量较差的统计数据。

表4.4 最佳多类支持向量机分类器的混淆矩阵

类别	c_0	c_1	c_2	c_3	c_4	c_5	c_6	c_7	c_8	c_9	c_{10}
c_0	69	0	0	0	0	0	0	0	0	0	1
c_1	0	7	0	0	0	0	0	2	0	1	0
c_2	0	0	39	0	0	0	0	0	0	0	0
c_3	0	0	0	4	0	0	0	0	0	0	0
c_4	1	0	0	0	5	1	1	2	1	1	1
c_5	0	0	0	0	2	8	1	0	5	2	0
c_6	1	0	0	0	1	0	118	0	0	0	1
c_7	0	1	0	0	1	1	0	54	2	0	0
c_8	1	0	0	0	0	1	3	1	3	5	0	1
c_9	0	0	0	0	0	0	0	0	0	121	0
c_{10}	1	0	0	0	0	0	0	0	1	0	108

第二节　可扩展标记语言法律提取器的实现[*]

如上所述，要分析规范文档中的段落，不仅可以依据它们表达的条款的特定类型，也可依据法律所包含的主要法律实体。相应地，每一个条款类型都可以被形式地定义为一个框架（frame），框架中包含的则是固定数量（也许是可选的）的槽位（slots）。表4.5展示了前文为条款模型引入的七种条款类型在描述上所需的槽位类型。

表4.5　对不同条款类型的基于框架的描述

条款类型	参数
废止（Repeal）	规则（Rule），位置（Position），将被修正的文本（Novellando）
禁止（Prohibition）	行为（Action），第三人（Third-party）
插入（Insertion）	规则，位置，修正案文本（Novella）
义务（Obligation）	行为人（Addressee），行为，第三人
许可（Permission）	行为人，行为，第三人
惩罚（Penalty）	行为人，行为，对象（Object），规则
替代（Substitution）	规则，位置，将被修正的文本，修正案文本

可扩展标记语言法律提取器的目标是根据与不同条款类型[①]

---

[*] 来自意大利国家研究委员会计算语言学研究所的西蒙内塔·蒙特马涅（Simonetta Montemagni）和克劳迪娅·索里亚（Claudia Soria）的贡献构成了本节写作的基础。

[①] 读者如对该模块的细节感兴趣，可参阅：Bartolini et al.（2004c）和Bartolini et al.（2004b）。

相关的特定语义角色[①]选取相应的文本片段。简单地说，可扩展标记语言法律提取器针对的是意大利语文本的自动分析，它被做成了一套自然语言处理工具套件，专用于处理意大利法律话语下的特定文体习惯（Bartolini et al., 2002a）。虽然法律语言远比日常语言严谨，其特殊的句法与词法结构对当前成熟的自然语言处理工具仍然构成了挑战。不过，如果我们的目标不是要对法律文本内容作完整彻底的表示，而是只去识别当中特定的信息部分，那么在自然语言处理技术的帮助下，立法文本还是相对可预测且容易处理的。

可扩展标记语言法律提取器的第一个原型不久前已完成，其实际表现也接受了评估。由于规范性文本相对而言有更好的可预测性，可扩展标记语言法律提取器所使用的自然语言处理技术虽相对简单，但仍不失为有力的工具。要输入可扩展标记语言法律提取器的，是原文本中单个的法律段落配上可扩展标记语言法律分类器所作的分类；输出的则是文本的语义标注，其中与不同参数对应的语义角色被呈现为可扩展标记语言标签。一个输出样例（已翻译为英语以便读者阅读）可见图4.2[②]，其中

[①] 为使参数能在搜索中起作用，我们不仅需要识别文本片段，还需要从中提取相关的术语，并将它们映射到叙词表（thesauri）、字典或语言本体中对应的词条上去。本项目的发展预计要为起草人提供插入本体概念链接的能力，这有两个目的：对规范性文档作语义索引（semantic indexing）；进一步丰富领域本体（domain-specific ontology）。

[②] 转换为中文，该输出样例的语句则是：
<义务>
　　<行为人>成员国</行为人>
　　应当
　　<行为>在预付申请提交后的30个自然日内支付预付款</行为>。
</义务>——译者

输入段落被分类为一种义务（Obligation），文本的各部分则被分别识别为行为人（Addressee）与行为（Action）。条款参数在规范文档中的提取则遵循了一种二阶段策略。第一阶段使用一个通用的分析系统，在对它作手动调试以适合处理意大利语立法文本的某些独有特征后，用它来对每一个法律段落作预处理，以给出浅层的句法分析（shallow syntactic analysis）。至第二阶段，先前预处理的文本将被置入专门的语义标注组件，从而呈现条款隐含的信息内容。

```
<obligation>
    <addressee>The Member State</addressee>
    shall
    <action>pay the advance within 30 calendar
    days of submission of the application
    for advance payment</action>.
</obligation>
```

图4.2 输出样例（可扩展标记语言专有句法）

一、句法预处理

句法预处理将产出可供语义标注的数据结构。在这一阶段，供输入的文本中的日期、缩写与多语词表达将首先被分词（tokenized）和归一化（normalized）；随后，利用专用于分析法律语言的意大利语词典，对归一化的文本进行形态分析和形态还原（lemmatized）；最后，对文本作词性标注（POS-tagged）并浅层分析为非递归的组分，即所谓的"组块"（chunks）。然而，一个组块化的句子并不能表达组块间的依存关系（inter-chunk dependencies）的性质与范围。这些依赖关系，只要它们与语义标注相关，就会交由下一处理阶段去识别（见下文语义标准部分）。

尽管也有人提议将全文分析（full text parsing）作为恰当处理文本内容的一个有效的候选方案，但我们认为浅层句法分析已为内容分析提供了有用的中间表示（intermediate representation）。具言之，第一，有关底层文本特征（例如标点符号）的信息在这一阶段仍是可得、可用的（但在进一步的分析阶段中通常会丢失），使用这些信息也有明显的成效。标点符号在这一关联中的价值尤其值得重视，它们是正确分析法律修正案的关键基础。特别是引号与冒号，二者被用于识别修正案的文本（novella）与将被修正的文本（novellando）。第二，组块化的句子自然而然地可进一步作为部分功能分析（partial functional analysis）的起点，由此可检测出对语义标注有重要作用的依存关系的范围。尤为特别的是，要标记修正（modifications）与义务（obligations）就需要了解潜在的句法结构，这当中就会非常频繁地运用依存性信息。第三，一个实际的原因是，组块化会产出一个本地化级别的句法标注。相应的结果则是：它并不止于生成一个不同于一般语法模式的领域特定的构造；相反，分析工作将继续进行，以检测随之产生的可容许的结构，而构造错误的组块将被抛弃，不会划入其对应的分类。

二、语义标注

如上所述，可扩展标记语言法律提取器模块的实现在相当程度上受主流的信息抽取（information extraction）技术启发。特别是语义标注，它要做的是去识别那些与某一特定条款类型相关的所有参数。一个条款类型因此可被看作一个框架；继而，这个框架就以提取模板（extraction template）的角色发挥作用，模板中的槽位（slots）则是由与对应的概念角色相匹配的文本材料来填充的。语义标注组件以每一个法律段落的组块化表示作为输入，并借助领域依赖的、判定组块之相关模式的有穷状态技术（finite state techniques）来识别语义上的相关结构。语义置标（semantic mark-up）是通过以下两个步骤进行的：

1. 每一个段落都被分配给一个框架（对应文本中表达的立法条款）；

2. 步骤1中识别出的框架的槽位将被转换为一个提取模板，并经由法律段落的结构化组件（也即句子、子句、词组）而得以具体化。

该语义标注组件的当前版本，是计算语言学研究所开发的面向依存性句法分析的有穷状态语法编译器（ILC finite-state compiler of grammars）的特化版本（Bartolini et al., 2002b）。[105] 这个特化的编译器使用一种专门的语法，其中包括：(i) 一组核心的句法规则，用于识别基本的句法依存关系（如主语与宾语）；(ii) 一组专门规则，用于文本的语义标注。

语法中的所有规则都是依照如下模板写成的：

<chunk-based regular expression> WITH <battery of tests>
⟹ <actions>

从法律段落中提取条款参数则在结构模式（structural patterns）的基础上进行，并结合了词法条件及其他旨在检测底层文本特征（如标点符号）和特定句法结构（如一个给定的依存关系的规约）的测试。结构模式是通过组块序列上的正则表达式（regular expressions）来表达的，而所有其他的条件（如词法、句法等）则是在一系列检测中被验证的。从识别基本的依存关系（如句法规则），到文本的语义加标（如语义标注），这些都在"行动"（action）的类型范围内。

可靠地识别依存关系对于向语义角色分配结构性元素而言同样重要，因为后者有与特定句法功能（如主语、宾语）相联结的倾向。不妨来看看一个实例。一项义务的行为人通常对应句子的句法主语，而该行为人有义务实施的行为通常则被表达为不定式从句（infinitival clause），如下面的例子所示：

[[Il comitato misto]subj]addressee] è tenuto [[a raccomandare modifiche degli allegati secondo le modalità previste dal presente accordo]i_clause]action]

[[The Joint Committee]subj]addressee] shall [[be responsible for recommending amendments to the Annex as foreseen in this Agreement] i_clause]action].①

应注意，以上仅当不定式从句的动词句头为主动语态时才成立。作为对照，当动词是以被动语态表达并由特定的中心语支配时，

---

① 这个例子翻译成中文则是：
[[联合委员会]主体]行为人]应当[[负责按照本协议的预期提出修正案至附录 i_条款]行为]——译者

该动作可在句法主语中表达。

三、实验结果

对可扩展标记语言法律提取器模块的评估是在可扩展标记语言法律分类器的数据集的一个子集上进行的。该子集由473个法律段落构成，涵盖了七种由"语义网规范"标准定义的条款类型。鉴于可扩展标记语言法律提取器的表现是与人工标注相对照的，我们就有正当理由去选择一个缩小的数据集：由专家完成的耗时费力的深度标注应限定在最有代表性的例子上。

表4.6展示了该系统的表现。既然已经知道了每一实例的正确条款类型，此处评估的目标便是要衡量该系统在为每一条款类型或框架识别所有与框架相关并在文本中具现的语义角色或参数时的可靠性。当中可区分出三种情形：a）该模块正确识别出所有在条款文本中具现的语义角色，且被识别出的都是相关的语义角色（"成功"情形）；b）该模块只识别出相关语义角色的一个子集（"部分成功"情形）；c）该模块完全失败，未能检测出任何角色。

表4.6 可扩展标记语言法律提取器的实验结果

条款类型	成功率	部分成功率	失败率
废止（Repeal）	95.71%	2.86%	1.43%
禁止（Prohibition）	73.33%	26.67%	—
插入（Insertion）	97.48%	1.68%	0.84%
义务（Obligation）	88.89%	11.11%	—

（续）

条款类型	成功率	部分成功率	失败率
许可（Permission）	66.67%	20%	13.33%
惩罚（Penalty）	47.93%	45.45%	6.61%
替代（Substitution）	96.40%	3.60%	—
汇总	82.09%	15.35%	2.56%

第五章　欧洲项目中的立法标准

欧洲在过去的数年间已启动了多项倡议来促进应用法律标准与发展公开平台。这些倡议旨在使法律专家、公民、商业人员更容易地访问、理解和应用复杂的法律与法规。

本章将讨论三个主要项目。第一个是"埃斯特莱拉"项目（ESTRELLA）[1]。该项目由阿姆斯特丹大学莱布尼兹法律中心主导开发，在欧盟委员会"信息社会技术"（Information Society Technologies，简称为IST）第六次框架计划（Sixth Framework Programme-IST）（IST-2004-027655）下启动；第二个和第三个是"达洛斯"项目（DALOS）[2]与"希尔"项目（SEAL）[3]。两个项目分别由意大利国家研究委员会法律信息理论与技术研究所与莱布尼兹法律中心支持开发，并且在"电子参与（eParticipation）"计划下启动。

---

[1] http://www.estrellaproject.org
[2] http://www.dalosproject.eu
[3] http://www.eu-participation.eu

第一节 "埃斯特莱拉"项目

"埃斯特莱拉"项目[①]的目标是开发一个以标准为基础的开放平台并验证其效果。在这个平台上,公共行政部门可以开发和部署综合性的法律知识管理方案。借助开放的标准化平台,用户可以不必受制于特定厂商的专有产品;类似地,这些平台还有助于开发不同的软件解决方案,以施行标准并确保应用程序之间的可扩展性与互通性,从而让公共行政部门的利益相关者能够在有竞争关系的开发环境、推理引擎与其他工具之间自由选择。"埃斯特莱拉"能够以一种集成的方式,为法律文件管理与法律知识系统提供支持,从而为需要应用复杂立法及其他法律文本资源的公共行政决策程序提供一个完整的解决方案,进而提升公共行政决策程序的质量和效率。

为达成这些目标,"埃斯特莱拉"项目考虑了以下几个不同的方向:定义"法律知识交换格式"(Legal Knowledge Interchange Format,简称为LKIF)以表示法律知识;实施公开标准以表示法律文本资源;开发一个法律文本资源管理集成系统(Legal Source Management System)的原型。

借助"元数据法律模式/欧洲标准化委员会"项目的工作,以及欧洲法律文本资源的"元数据法律模式/欧洲标准化委员会"定义(第二章第二节),"埃斯特莱拉"项目为实施表示法

[①] ESTRELLA的英文全称为"European Project for Standardized Transparent Representations in order to Extend Legal Accessibility",意为"面向扩展法律可获取性的标准化透明表示的欧盟项目",音译"埃斯特莱拉"。——译者

第五章 欧洲项目中的立法标准

律文本资源的公开标准做出了显著贡献。

应当指出,"欧洲标准化委员会/元数据法律"是一项法律知识系统（Legal Knowledge Based System，简称为LKBS）的赋能技术。这就与直接用于处理法律知识表示可交换性（interchangeability）的法律知识交换格式不同。事实上，法律知识交换格式的根本目标是提供一个基于语义网技术（资源描述框架/网络本体语言）的框架，以表示法律知识及对法律的不同解释。

法律知识系统是一项用于管理立法的复杂性和推动新的在线电子政务服务的关键技术。该系统已在一些需要适用复杂立法的特定事务领域（例如赋税优惠与社会保障管理）有应用的实例。这些实例中的信息是线上处理的，以便公民和商业组织及时访问有关其权利和义务的个性化、公开评估的结果。

另外，管理不同来源的立法已在全欧范围内成为公共机构和法院日益增长的需求。这一需求源于欧盟内部不同国家之间法律的不断融合，以及人员、服务、商品与货币在跨境流动上不断提升的重要性。

法律文件与知识管理的服务目前由一些法律知识系统的厂商[①]提供，但搭建一个法律知识表示框架的可能性，也是公共行政部门和学术界颇为关注的议题。缺少知识表示标准将带来诸多弊病，例如，公共行政部门将被迫在其部署的任一法律知识系统上都接受厂商锁定，或者不得不将法律知识系统评价为一种可能只有很短暂生命周期的系统。

从公共行政的角度看，可扩展标记语言立法技术的应用解

---

① 例如KnowledgeTools、RuleBurst和RuleWise等厂商。

决了一个相当敏感的问题,即如何在同一个信息技术基础设施上处理不同的可扩展标记语言格式(Boer et al.,2007b)。

"埃斯特莱拉"项目旨在找出这一问题的解决方案,其对策是将所有专家和利益相关者的代表召集在一起,共同协作开发一个法律知识系统的开放平台,为开发面向公民、法律专家与公共行政部门的各项服务奠定基石,并且确保其与现有商用系统间的互通性。

一、法律知识交换格式

法律知识交换格式(LKIF)被设计用来表示(Boer et al.,2007b):

1. 一个可重复使用、可扩展的核心本体、应用程序接口,以及面向法律决策辅助系统、法律知识管理系统、法律论证辅助系统的推理引擎规范(specification);

2. 一种面向现有的(专有)法律知识表示语言的交换格式。

因此,法律知识交换格式是一种用于法律论证、法律规则、术语公理、法律案例的知识表示语言。该知识交换格式可以用法律本体的语义网标准来刻画,通过资源描述框架与网络本体语言标准来表达。

对于那些能够用法律知识交换格式描述的法律知识,"埃斯特莱拉"项目区分了本体(ontology)与规则(rules)。

本体是对术语的语义表征,允许在知识库内记录术语的使用。它还可以进一步支持法律领域内的知识获取与建模。对"规范"(norm)、"法官"(judge)、"侵权责任"(liability)、"文件"(document)、"主张"(claim)等概念的界定,有助于建构知识获取的进程。遵照相关研究的进路(Breuker和

Hoekstra, 2004b; Breuker 和 Hoesktra, 2004c), 在法律知识交换格式核心本体(LKIFCore Ontology)中, 主要的法律类别是基于常识划分的。法律知识交换格式核心本体可以被用作使用者自有本体的底基, 并在其他领域中扩展法律知识交换格式。

法律知识交换格式的规则语义建立在可废止(defeasible)规则理念的基础上。可废止规则可被视为一类论辩型式(argumentation scheme), 尤其是关于每一个规则的结论的论辩型式。

法律知识交换格式核心本体是根据格鲁伯(Gruber, 1993)、格吕宁格和福克斯(Grüninger 和 Fox, 1995)的研究所确立的标准而搭建起来的, 具体包括: 识别目的(purpose)与范围(scope), 本体捕获(capture)和编码(coding), 与现有本体的集成(integration)和评估(evaluation)。

本体捕获(Ontology capture) "埃斯特莱拉"项目要求每一个合作者都列举出各自领域中最重要的20个法律概念, 再结合从文献(法理学与法学教材)中收集的术语, 形成一张包含约250个术语的列表。

接下来, "埃斯特莱拉"项目要求合作者按照五个尺度, 对列表中的每一个术语都进行评价。这五个尺度分别是: 抽象程度、与法律领域的相关性、属于法律专业术语而非常识性术语的程度、该术语作为一个常用法律术语的普遍性程度、专家认定该术语应被纳入本体的程度。经此评价后, 一个初始的术语集就形成了, 它包含50个术语及一些从其他本体中获取的可再用于"埃斯特莱拉"项目的术语。这个术语集构成了识别聚类(identification of clusters)和开发法律知识交换格式核心本体的基础。

本体集成(Ontology integration) 在现有的包含法律术

语的核心本体与上位本体（upper ontology）中，仅有一小部分术语和定义被采用（Casanovas et al., 2006）。事实上，不同于"推荐上位融合本体"（SUMO）①、索瓦（John F. Sowa）的上位本体（Sowa, 2000）以及"语言与认知工程的描述本体"（DOLCE）②（Gangemi et al., 2002），法律知识交换格式核心概念的意向性本质使之区别于前述有形而上倾向的顶层本体。不过，法律知识交换格式对意向性的观点接近哲学家丹尼特（Daniel Dennet）关于意向立场、设计立场与物理立场（intentional, design and physical stance）的区分（Boer et al., 2007b）。

在建构法律知识交换格式的过程中，法律语篇语言（Language for Legal Discourse，简称为LLD）框架（McCarty, 1989）与核心法律本体（Core Legal Ontology，简称为CLO）（Gangemi et al., 2005）已被纳入考虑范围中。

本体模块（Ontology modules） 需求阶段（requirements-phase）得到的术语与洞见产生了一系列本体模块，它们表示了一组相对独立的概念的簇（cluster），包括表达（expression）、规范（norm）、过程（process）、行为（action）、角色（role）、地点（place）、时间（time）、分体（mereology）（Breuker et al., 2006, 2007）。这些聚类中的概念通过使用网络本体语言——描述逻辑（OWL-DL）③、以中心向外（middle-out）的方式形式化：对每一个聚类簇，处于最中心的概念总是最先被表示。

---

① 全称为"Suggested Upper Merged Ontology"。——译者
② 全称为"Descriptive Ontology for Linguistic and Cognitive Engineering"。——译者
③ 其中的"DL"是"Description Logic"的缩写。——译者

文献和现有本体的集成，令聚类的原始集扩展至14个模块，当中每一个模块都描述了一组同时来自法律与常识两个领域的概念。

该本体可细分为三个层次：顶部层次（top level）、意向层次（intentional level）、法律层次（legal level）。

本体的顶部层次提供诸如地点、时间、从属关系、变化等（原始）定义作为基本概念。即便就最简单的法律陈述而论，这些概念在描述上也是不可或缺的。

意向层次则包括由法律调整的概念与关系，如处于特定角色（Role）的主体（Agents）采取的行为（Actions）。另外，它还引入了描述这些主体的精神状态的概念，如意向（Intention）或信念（Belief），以及主体之间通过表达（Expressions）实现的沟通（Hoekstra et al.，2007）。

法律层次则包含了一个总括的集合，涵盖了法律主体和行为、权利和权力（修改自Rubino et al.，2006；Sartor，2006）、典型的法律角色，以及亚历山大·博埃尔（Alexander Boer）所定义的容许表达规范性陈述的概念定义（Boer，2006；Boer et al.，2005，2007a）。

"埃斯特莱拉"的本体与规则是用网络本体语言表达的。因此从实践的角度看，使用法律知识交换格式使得知识工程师可凭自己的喜好，自由地在本体与规则间划界。然而，如博埃尔（Boer et al.，2007b）所主张的，对规则的独占性使用是以牺牲其潜在的再利用性为代价的。

总体来看，通过呈现为数个分开、但相互依存的网络本体语言——描述逻辑的文件夹形式，法律知识交换格式本体已可在线上获取,并经由"埃斯特莱拉"项目的主页[①]下载。

第二节 "电子参与"倡议

2006年,欧盟委员会启动了"电子参与"(eParticipation)倡议,目标是推动信息与通信技术在立法决策程序中的发展与应用。该倡议旨在改善立法起草的质量,提升欧盟层面立法的协同与可获取性,并加强公民在立法程序中的自觉意识与民主参与。

在上述倡议中,两个针对立法标准与起草的项目获得支持:

1. "达洛斯"项目(DrAfting Legislation with Ontology-based Support,简称为DALOS),即本体技术支持下的立法起草项目,由佛罗伦萨的意大利国家研究委员会法律信息理论与技术研究所主持开发;

2. "希尔"项目(Smart Environment for Assisting the drafting and debating of Legislation,简称为SEAL),即立法起草与辩论的智能辅助环境项目,由阿姆斯特丹大学的莱布尼兹法律中心主持开发。

第三节 "达洛斯"项目

欧盟委员会当前倡议的一个主要目标在于提升欧盟层面与国家层面的立法质量。《曼德尔肯优化规制报告》(Mandelkern report on Better Regulation,2001)呼吁欧盟成员国通过协调一

---

① http://www.estrellaproject.org/lkif-core

致的行动，简化欧盟的法规环境，改善欧盟立法的质量，并且使欧盟立法向国家立法的过渡变得更加合理。

曼德尔肯优化规制小组特别强调，将规制质量作为提升"治理过程可信任度"和促进"公民、商业及其它利益群体福祉"的根本前提（Mandelkern report on Better Regulation, 2001）。《曼德尔肯优化规制报告》的分析结果指出，一些重大难题在于"欧盟条款不够简洁、清晰，可获取性也不足，具体表现为模糊、含混的术语体系、不周延或不一致的法规条款或使用意义不明确的语词，等等"。以上这些问题，再加上欧盟委员会内部不同的立法文化，导致欧盟立法的可获取性不足。概念偏差的问题尤其体现在欧盟立法向国家立法的过渡中，其中的原因既有欧盟立法内容和质量上的问题，也有各国实践、各国法律与文化的差异问题。

因此，立法工作对法律词库的认知与使用上的融贯、互通与协调，便被视为提高立法语言质量、便利法律专家与公民获取立法的先决条件。尤其是在欧盟法律这样一个多语种的语境下，唯有对法律词库在不同语言中的微妙差异有足够的意识，立法起草者才能够确保同一文本在不同语言版本之间的融贯性，并且使它们向各国立法过渡。

有鉴于此，欧盟发布了优化规制指南（Mandelkern report on Better Regulation, 2001），其目标是保证法律文本更为融贯，增加欧盟法律的可理解性，并使欧盟法律在各国法律体系内得到统一的解读（Commission, 2003）。另外，指南尤为注重促进：

——欧盟法内部的融贯性，即内部融贯性（Ajani et al., 2007a），指的是避免欧盟法律术语定义上的不一致，以及不同领域立法对术语使用的不一致（Commission，2003）。例如，在欧盟委员会颁布的消费者权益保护指令（EC Directives on consumer law）中，便存在诸如"时权（Timeshare）""远程合同""不公平"这样的术语（Ajani et al.，2007a）；

——欧盟法之外的融贯性（关于外部融贯性，参见 Ajani et al.，2007a），指的是避免同一个法律概念在一项欧盟指令及其向国家立法转换的过程中出现表达方式的差异（Commission，2003）。

欧盟委员会倡议在"电子参与"框架下启动"达洛斯"项目，以应对上述融贯性问题，并且推动信息与通信技术在立法决策程序中的发展和应用。欧盟委员会这一项倡议的目标在于改善立法产出的质量，提升欧盟层面立法的协同与可获取性，并加强公民在立法程序中的自觉意识与民主参与。

尤为特别的是，"达洛斯"项目强调确保立法起草者与决策人员对欧盟和国家层面的法律语言有全面的把控。为此，项目为立法人员提供了语言与知识管理的工具，以用于立法的全过程，尤其是立法起草的阶段。

如今，处理词汇复杂性的关键思路是本体方法（Boer et al.，2003a）。本体方法可刻画词汇单位的概念含义，并为关联概念的语义属性及概念之间的关系提供细致的描述。以法律语言的本体刻画为基础，"达洛斯"项目意图为立法者提供语言与知识管理工具，从而支持多语种环境下的立法起草工作。

本章将阐述"达洛斯"项下双层次（指本体层次与语言层次）知识资源的开发。第三节的第一和第二部分将特别阐释多语种法律场景的复杂性，以及有可能用于应对该复杂性的一种现成的知识资源；第三部分将展示"达洛斯"知识资源的设计原则及其知识组织系统（Knowledge Organization System，简称KOS）的特点；第四部分将介绍实现"达洛斯"资源的各阶段；第五、第六部分将呈现在双层次（词汇层次与本体层次）构造下实现"达洛斯"知识资源；第七部分将描述"达洛斯"资源在一个立法起草环境中的原型集成（prototypical integration）；第八部分将给出结论。

一、应对欧盟法律起草的多语种法律场景

在法律语言中，每一个术语集都从属于一个语言系统；任何一个衍生自某一法律体系的词汇，都是一个自成一体（autonomous）的词汇资源。要刻画这样的词汇资源，则要通过它与其他法律体系的词汇间的等价关系。实现该想法的公认最佳方案，则是在不同语言为同一概念表达的不同术语形式之间形成并行比对（parallel alignment）。这是基于如下预设：在法律领域，由于欧盟各成员国的法律语境与立法文化各有不同（如Ajani et al., 2007b在讨论中所指出的），一个法律体系的概念结构就无法被直接转移到另一个法律体系中去。

当欧盟成员国通过履行其国家义务，在本国法律中执行欧盟指令时，类似的问题也会产生。这一执行过程远非简单的移转，而常常需要对欧盟指令作进一步的解释，但这些解释可能是有待商榷的（有关的实例，参见Ajani et al., 2007b）。

对于欧盟法的多语种复杂性问题，现有文献提供了多种处理方法，包括：在术语数据库中实现的受控词表（controlled vocabularies），例如，在主要欧盟机构运行的"欧洲交互术语库"（Interactive Terminology for Europe，简称为IATE）；叙词

表，例如，由欧洲共同体官方出版署（OPOCE）[①]维护的"欧盟词库"（EUROVOC）[②]；语义词库或轻量级本体，例如WordNet词库[③]；法律领域中的JurWordNet词库[④]（Tiscornia和Sagri，2004）。多语种术语间之间的对齐通过一个中枢语言（pivot language）来有效实现。

应用本体（application ontologies），或称成文法专属本体（statute specific ontology），能以表达力更强的方式描述与词语单元相关联的概念。它用于表示在一个特定成文法中被使用的概念（如IPROnto[⑤]本体）（Delgado et al., 2003）。

核心本体（core ontologies），在现有文献中被界定为处理领域概念的一般化组织形式，如法律领域的LRI-Core[⑥]本体（Breuker和Hoekstra，2004a）、"法律知识交换格式"本体（LKIF）（Hoekstra et al., 2007）、"核心法律本体"（CLO）（Gangemi et al., 2004）。而基础本体（foundational ontologies），

[①] 全称为Office for Official Publication of the European Communities。该机构现已被Publications Office of the European Union（欧盟出版署）替代。——译者

[②] 其在官网上的标题为"EU Vocabularies"，即"European Union Vocabularies"（"欧盟词库"）。根据官网的释义，EUROVOC是一个涵盖欧盟各项活动的多语种、多学科叙词表（multilingual and multidisciplinary thesaurus covering the activities of the EU）。详见：https://op.europa.eu/en/web/eu-vocabularies。——译者

[③] WordNet是普林斯顿大学创立的英语词库，WordNet的直观含义即"词汇网络"，其官网页面可见：https://wordnet.princeton.edu/。——译者

[④] JurWordNet的直观含义即"法律领域的词汇网络"。——译者

[⑤] 根据作者此处所引文献，IPR是Intellectual Property Rights的缩写，IPROnto的直观含义即"知识产权本体"，是一个用于数字权利管理的法律本体（ontology for digital rights management）。——译者

[⑥] LRI-core的直观含义即"莱布尼兹法律中心开发的法律核心本体"，其概述可见莱布尼兹法律中心网站：http://www.leibnizcenter.org/previous-projects/lricore。——译者

或者顶级本体,则处理适用于一切领域的基础概念类别,如"推荐上位融合本体"(SUMO)(Niles 和 Pease,2001)、"语言与认知工程描述本体"(DOLCE)(Gangemi et al.,2002)。

不同的词汇资源是异构的,它们或属于不同的法律体系,或使用不同的语言表达,或与特定领域相关。这些词汇资源可以通过下列不同的途径实现集成:

- 生成一个单独的资源(融合);
- 比较并定义相互间的差异与对应(映射);
- 将不同层级的知识组合,主要通过联结词汇资源与本体。

"达洛斯"项目选择的是上述第三条进路。具体而言,这一进路首先确定一个本体层级,描述法律领域中常见的基本实体;经由对该本体层级的指涉,定义语义词典之间的映射过程。

选择该条进路的理由如下:

- 该进路为知识架构(knowledge architecture)提供了更高的模块化程度:通用词典中的词汇单位可以连接不同领域相关的概念,从而容许在不同的领域中重复利用同一词汇资源。
- 词汇单位是通过词汇属性来刻画的,词汇属性包括下义关系(hyponymy)、上义关系(hyperonymy)、模糊义关系(fuzzynymy),等等[①]。相比之下,本体层可为领域特定概念〔如"买方"(Buyer)、"卖方"(Seller),等等〕,以及概念之间的语义关系〔如"具有对象角色"(has_object_role)、"具有主

[①] 根据原作者释义,"下义关系"在语义上表示一个术语是另一个术语的子类(subtype),如 cat hyponym_of animal;上义关系表示一个术语是另一个术语的超类(supertype),如 animal hypernym_of cat;模糊义关系则表示术语之间在含义上有松散或模糊的联系,如"阅读"(read)与"书写"(write)就具有模糊义关系,因为它们都由牵涉语词的动作构成。——译者

体角色"(has_agent_role),等等]提供更加详细的描述。

二、一个法律语义词典:"面向知识分享的法律本体"数据库[*]

"面向知识分享的法律本体"(LOIS)数据库[①]是目前法律领域可用的词汇资源之一。它在范围上比"达洛斯"资源更广,也是建构"达洛斯"项目的基础。"面向知识分享的法律本体"数据库包括大约35000个概念,这些概念通过五门欧洲语言表达,即英语、德语、葡萄牙语、捷克语、意大利语,并通过英语将其链接起来。

"面向知识分享的法律本体"数据库包含从消费者保护领域相关的欧盟指令中提取的术语。它使用WordNet语义,后者的基础则是如下三个类:"同义词集合"(Synset)、"词义"(WordSense)和"单词"(Word)。同义词集合是一个或多个含义相同且未屈折变化的词形(即"词条")(lemmas):例如action, trial, proceedings, law suit构成了一个名词同义词的集合,因为它们都可被用来指代同一个概念[②]。鉴于多义术语在其不同词义中表达截然不同的意思,每一个同义词集又是一个"词义"的集合。一个同义词集常常经由注释(gloss)而得到进一步描述,以解释概念的内涵。

单语种词典(monolingual lexicons)中的术语是由词汇关

---

[*] 意大利国家研究委员会法律信息理论与技术研究所丹尼埃拉·蒂斯科尼亚(Daniela Tiscornia)(ITTIG-CNR)对本部分的写作亦有贡献。
[①] 欧盟项目"面向知识分享的法律本体"(LOIS)(Legal Ontologies for Knowledge Sharing, EDC 22161, 2003—2006)创建的数据库。
[②] 即"诉讼"。——译者

系链接的。这些词汇关系包括：同义关系（包含在"同义词集合"这个概念中）(synonymy)、近义关系（near-synonymy）、反义关系（antonym）、词源关系（derivation）。同义词集之间是由语义关系联结的，其中最重要的关系包括：（特殊和一般概念间的）上义关系/下义关系、部分整体关系、论旨角色（thematic roles）、实例关系（instance-of）。

跨语种链接则建立在每一个同义词集合与一个英语同义词集合的等价关系上。这些等价关系表示了两种同义词集合之间的完全等价、近似等价、作为上位词或下位词而等价。"面向知识分享的法律本体"中的等价关系网络，又称为"语际索引"（Inter-Lingual-Index，简称为ILI），决定了各个语种的词汇网络之间的相互关联。

"面向知识分享的法律本体"数据库的结构足以胜任跨语种的检索任务。当出于不同目的（如法案起草）使用该资源时，在独立于语言或法域（jurisdiction）的层面，可能需要一个更细致的视角来审视概念和特定领域内的概念关系。因而，真正所需要的便是"在独立于具体语言的概念建模，与在特定语言和文化下对话语相关的理解单位进行分析和描述之间做出区分"[118]（Kerremans和Temmerman，2004）。

三、"达洛斯"资源的设计

"达洛斯"的目标是在"面向知识分享的法律本体"数据库经验的基础上，为立法起草提供知识资源。然而，"达洛斯"与"面向知识分享的法律本体"所应对的场景并不相同。"面向知识分享的法律本体"知识资源面向多语种的法律信息检索，而"达洛斯"知识资源则用于支持立法起草。

这一应对场景上的区别尤为重要，因为它有助于识别出"达洛斯"描述的知识特征，同时避免不加分辨地将领域知识与应用场合（如起草、推理、搜索等）中使用的知识进行混同。这一混同的错误倾向会使得知识表示无法被自动重复使用，而仅仅适用于最初开发的特定场合（Breuker和Hoesktra，2004b）。

　　"立法起草"活动的独特之处在于，它在某些特定的领域具有规范创制的功能。在这一背景下，本体的应用显得尤为重要。事实上，法律包含条款（Biagioli，1997），用于处理在词汇单位中表达的实体，但这些条款并不提供任何关于实体的一般性信息。例如，"数据控制者"这一实体的行为受意大利隐私法规制，该实体是个人数据集的所有者，但相关法律并不会明确任何关于该所有人的角色及其与所涉领域内其他实体之间关系的信息（Biagioli和Francesconi，2005b）。要得到这些额外的信息，需要借助被规制领域的本体来对实体作形式化描述。

　　对"达洛斯"资源来说，我们还希望避免产生另一种知识混同的情形。也就是说，把用于辅助特定问题的规范创制活动的知识，混同于一般意义上的立法起草活动的知识，后者显然与立法所要处理的特定问题无关（Biagioli和Francesconi，2005b）。因此，真正用于支持立法起草的是能够描述待规制领域的一类知识和语言资源，即领域知识（domain knowledge），也就是该领域中的概念以及概念在不同语言中的词汇表现（lexical manifestation）。

　　出于开发一个试点项目的需要，"达洛斯"项目特别选取了"消费者保护"领域作为待规制环境。这一待规制环境直接影响欧盟成员国企业的竞争力及其业务成长和创造就业的能力。

在项目的第一阶段，欧盟倡议中的大部分工作是确定"达洛斯"资源的规约，尤其是为资源的知识组织系统（Knowledge Organization System，简称KOS）提供定义。

如本章第三节第一部分所讨论的，"达洛斯"资源是在两个抽象层面上组织的，如图5.1所示：

• **本体层**，涉及的是在一个独立于语言的层次上进行概念建模；

• **词汇层**，涉及的是本体层的概念在不同语言中的词汇表现。

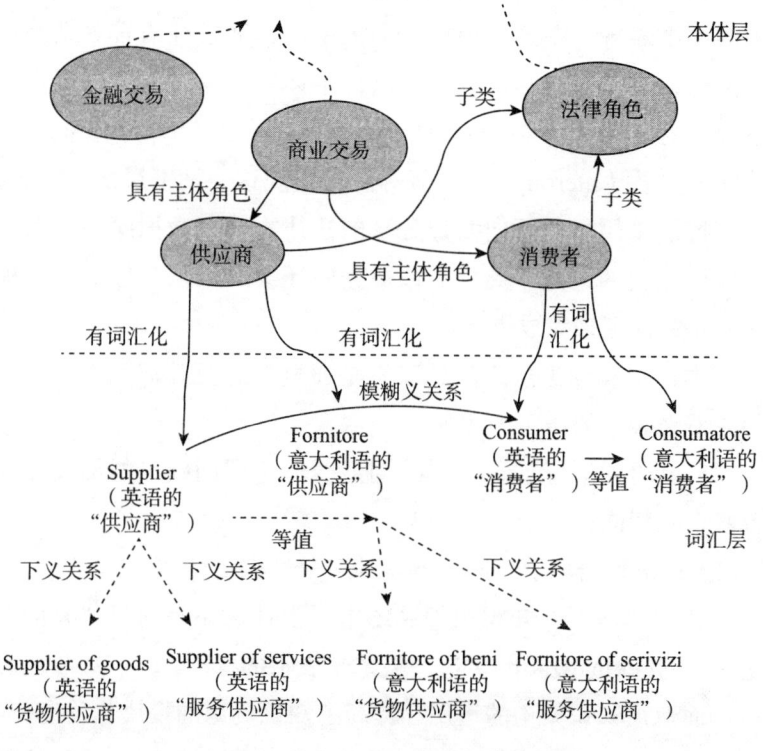

图5.1 "达洛斯"资源的知识组织系统

总的来说，本体层的工作是以独立于具体语言和法律秩序的方式，尽可能实现欧洲层面概念的协同。另外，本体层还容许降低多语种术语映射（multilingual term mapping，简称N-to-N mapping）的问题计算复杂度。在多语言（N-language）环境中，本体层概念扮演着"中枢性"元语言（"pivot" meta-language）的角色，使得双语种映射关系的数量可以从系数N^2降到2N。本体层的概念是通过分类学关系与对象属性关系来相互联结的〔如"具体对象"（has_object_role）、"具有主体角色"（has_agent_role）、"有赋值"（has_value）等〕。

另一方面，词汇层的目标则是描述本体层概念在具体语言中的词汇表现。在这一层次，词汇单位是通过纯语言关系进行链接的，在"面向知识分享的法律本体"数据库，这些语言关系表现为上义关系（hyperonymy）、下义关系（hyponymy）、部分整体关系（meronymy），等等。为实现这一词汇层次，"达洛斯"特别采用了"面向知识分享的法律本体"数据库中与消费者保护相关的词典。此外，该数据库还会利用从其他文本中提取的相关词汇来完成更新。

本体层和词汇层之间的联系是通过概念及其词汇表现之间的关系来表示的：

• 单语种语境下，不同的词汇变体（即词条）的词义（或者概念）相同；

• 跨语种语境下，同一概念的多语种词汇变体。

在"达洛斯"知识组织系统中，上述联系是通过"有词汇化"（hasLexicalization）这一关系来表示的。

而双层知识架构的运用，提高了知识资源的模块化程度：

1.词汇层是一个可更新、可在"达洛斯"应用领域外的其他领域重复利用的词汇数据库；

2.本体层则利用语义网标准的表达力，为词汇层的词汇单位以及概念之间的语义关系提供了更细致的语义描述。

双层知识的组合，使位于词汇层的同义词集合拥有两种不同的属性：

• 语言属性（linguistic properties），即从文本的语言与统计分析中直接得到的WordNet词汇关系；

• 语义属性（semantic properties），来自于本体层将各同义词集合分类为不同的类别，用于描述试点案例的消费者保护领域。这些语义属性仅在该特定领域内有效。

例如，针对有关消费者保护法相关的文本统计分析的结果显示，"消费者"（Consumer）与"供应商"（Supplier）是相互关联的词汇单位，因而在我们的模型中，"消费者"和"供应商"在词汇层就通过"模糊义关系"这一WordNet的语义属性而联结。而在本体层，就消费者保护这个领域而言，前述关系在本体层次可以更多地得到语义的刻画：两个词汇单位被分别看作是"消费者"与"供应商"类的词汇化，而它们间的关系则确定为"商业交易"（Commercial_transaction），该关系通过"具有主体角色"（has_agent_role）的性质将"消费者"与"供应商"联系在一起（见图5.1）。

四、"达洛斯"资源实现的各阶段

"达洛斯"的本体-语言资源通过以下三项主要工作实现：

1.通过使用自然语言处理工具，基于一组挑选出来的文本对消费者保护法领域中的词汇作半自动的词汇提取；该工作的目的是更新"面向知识分享的法律本体"数据库（词汇层的实现）；

2.借助人的智力活动对消费者保护领域作本体建构（本体层的实现）；

3.通过"有词汇化"属性实现本体层次与词汇层次的联系。

第一项工作（词汇层的实现）是借助不同的自然语言处理工具来进行的，尤其是"文本工程通用体系结构"（General Architecture for Text Engineering，简称为GATE）工具，由谢菲尔德大学的计算机系拥有、提供和维护，专用于处理英语及其他欧盟语言的文本。另一个值得注意的是"文本到知识"（Text-to-Knowledge，简称为T2K）工具，由意大利国家研究委员会计算语言学研究所与比萨大学联合开发，专用于处理意大利语文本。

第二项工作（本体层的实现）是一种智识性的活动，目的是描述所要规制的场景。

用于实现词汇层的术语提取技术，在第二项活动中也扮演着重要角色。它可基于重要的术语词条为本体层推荐概念。

第三项工作则着眼于两个知识层次间的联系，具体实现则是借助人的智力活动，通过"有词汇化"这一属性将本体层的概念与词汇层的同义词集合相联结。

五、词汇层的实现[*]

如前文的章节所讨论的，"达洛斯"词汇层主要建立在"面向知识分享的法律本体"项目的词汇数据库的基础上。然而，

---

[*] 意大利国家研究委员会计算语言学研究所的西莫内塔·蒙泰马焦（Simonetta Montemagni）、朱利亚娜·文丘里（Giulia Venturi）和谢菲尔德大学计算机系威姆·彼得斯（Wim Peters）对本部分的写作亦有贡献。

人工制作的词汇与本体资源需要持续地扩展与完善，以涵盖最新的知识。基于自然语言处理技术的法律文本术语提取，则可借由推荐词汇关系，来辅助知识更新的过程（典型例证，参见Lame，2005；Sais和Quaresma，2005；Walter和Pinkal，2006；Cimiano，2006）。在"达洛斯"项目中，我们将"面向知识分享的法律本体"数据库视为事先已存在的词汇资源，并将注意力集中在词汇资源的半自动扩展与定制化上，所采用的方法则是从意大利语和英语的"消费者保护"文本中，获取试点场景的术语知识（向其他语言的扩展目前还在开发中）。

意大利语文本的术语提取

为了实现"达洛斯"词汇层的意大利语版本，我们使用了"文本到知识"工具（T2K）。该工具是一种结合了语言技术与统计方法的混合性本体学习系统（Dell'Orletta et al.，2006）。

"文本到知识"工具作为一种结合了语言技术与统计方法的混合性本体学习系统，通过以下两个基本步骤执行任务：

1. 从文档库中提取由一个或多个单词构成的领域术语；

2. 对提取的领域术语进行组织，使其结构化为原型的概念结构，也即：

- 分类链条的片段；
- 语义相关术语的聚类。

就术语提取而言，一套语言分析的计算工具，即AnIta套件（Bartolini et al.，2004a），被用于从文本中提取候选术语。这些语言处理模块负责：

1. 对输入文本进行分词处理（tokenisation）；

2. 开展包括形态还原（lemmatisation）在内的形态学分析；

3. 句法分析，具体通过两个步骤展开：

（a）组块分析（chunking）（包括形态-句法的歧义消解）；

（b）依存性分析（dependency analysis）。

候选术语可能只由一个单词构成，即"单一术语"（"single terms"），也可能由多个单词构成，即"复合术语"（"complex terms"）。这两类术语各自适用不同的提取策略。

单一术语的识别是在过滤停用词（stop-words）后，对已完成浅层分析的文本作词频统计而实现的。复合术语则采用一种"两步走"的策略。

第一步是根据组块分析的模式集，搜索句法上已完成组块分析的文本。组块模式对候选复合术语的句法模板进行编码，例如，形容词修饰的复合术语，如organizzazione internazionale，指"国际组织"（'international organization'）、介词修饰的复合术语，如commercializzazione di autovetture，指"汽车销售"（'marketing of cars'），其他不同修饰类型相组合的复杂情形，如commercio di prodotti fitosanitari，指"植物检疫产品交易"（'trade of phytosanitary products'）。第二步是将获取的复合术语列表，并根据它们的对数似然比排序（Dunning，1993）。

利用"文本到知识"技术识别较长术语，是通过迭代提取程序实现的。具体而言是将获取的复合术语映射至原文本，从而使提取程序在这一新标注的文本上重复进行。"文本到知识"技术被证明有助于减少包含两个以上组块的假正类（Bartolini et al.，2005）。这一术语提取的迭代流程将生成候选单一术语的列表，其中各术语按频率降序排列；同时迭代流程还将生成候选复合术语的列表，其中各术语按关联强度的得分降序排列。

最终被纳入TermBank术语库①的术语集还需要一些阈值调试，调试情形取决于已收集文档集合的大小以及预期结果的类型和信度。

接下来我们将针对先前讨论的内容给出示例。示例展示的是我们使用"达洛斯"消费者法律语料库得到的初步结果，总计有284,795个单词记号（word tokens）。"达洛斯"语料库涵盖与消费者经济与法律利益保护相关的指令、法规和判例。基于最佳参数配置，我们得到了包含2074个术语的TermBank术语库，其中有174个单一术语和1900个复合术语。这些术语目前正在由领域专家进行评估。

表5.1给出了自动获取的Termbank术语库的一个片段。对每一个选定的术语，TermBank术语库都报告了它的原形形式，即抬头为"术语"（Term）的纵列，它在所有文档中的出现频率、涵盖该术语的组块的词头的词目（见"形态还原后的词头"纵列）。此处选择用原型形式而非词目（普通字典的典型做法）来表示一个领域术语是为了遵循如下预设：一个自举的词汇表（bootstrapped glossary）应当要反映术语在文本中的真实用法。实际上，术语在特定领域中的含义往往与给定术语的特殊词形（如复数形式）相关。这在表5.1中表现得淋漓尽致。其中，提取得到的以diritto"权利"（'right'）开头的术语可以根据其原形形式分为两组：或者表现为单数形式［如表中的diritto di revoca"解除权"（'termination right'）］，或者表现为复数形

---

① 根据本文作者的释义，TermBank是一个专门的词汇数据库，是独立于"达洛斯"项目开发的，但"达洛斯"项目利用该术语库来充实其知识组织系统的术语层次。——译者

式［如表中的diritti d'autore"版权"('copyrights')］。但应注意的是，表中报告的频率并不限于原形形式，而是扩及diritto这个抽象术语的所有出现形式。

表5.1 自动生成的TermBank术语库摘录

标识号	术语	词频	形态还原后的词头
1687	direttore generale	4	direttore generale
598	direzione generale	13	direzione generale
1488	direzione regionale	4	direzione regionale
1442	diritti d'autore	4	diritto autore
1600	diritti della difesa	4	diritto difesa
772	diritti di proprietà	10	diritto proprietà
1069	diritti fondamentali	6	diritto fondamentale
16	diritto	601	diritto
462	diritto d'uso	18	diritto uso
953	diritto di godimento	8	diritto godimento
120	diritto di recesso	148	diritto recesso
732	diritto di rescissione	11	diritto rescissione
674	diritto di revoca	12	diritto revoca
1211	diritto di utilizzazione	6	diritto utilizzazione

意大利语术语组织与结构化

提取的第二步是识别含有被提取术语的原型-概念结构。我们构想了概念组织的两个层次。TermBank术语库中的术语将首先依照共享的词头（head-sharing）划分为不同的片段，每一个片段都是一个共享词头的分类学链条。例如，commercio dei medicinali"医药交易"（trade of medicines）与commercio elettronico"电子交易"（electronic trade）被归类为commercio"交易"（trade）这个一般性的单一术语的共同下位词（co-hyponyms）。以这种方式，单一术语与复合术语根据纵向关系而被结构化，呈现出许多分类学链条的片段。例如，在以下实例中：

applicazione
 applicazione dei paragrafi
 applicazione dell'articolo
 applicazione della direttiva
 applicazione della legge
 applicazione della tariffa
 applicazione delle disposizioni
 applicazione delle sanzioni
 applicazione delle sanzioni amministrative
 applicazione delle sanzioni previste
 applicazione del presente decreto
 applicazione del regolamento

该清单显示了在术语applicazione"执行"(enforcement)之下提取得到的直接下位词与间接下位词。在这个例子中可注意到，仅共享词头的术语是applicazione的直接下位词。当两个或以上的复合术语在共享词头的同时还共享了修饰成分时，就可以得到更进一步的下位词层级，正如applicazione delle sanzioni amministrative "行政处罚的执行"(enforcement of administrative sanctions)是另一个一般性程度更高的术语applicazione delle sanzioni "处罚的执行"(enforcement of sanctions)的下位词。从"达洛斯"语料库提取得到的下位词关系总计有911个，指向172个上位词。

使用"文本到知识"技术实施的第二个构造步骤是识别语义相关术语的聚类。识别的依据是基于分布的相似性度量（distributionally-based similarity measures）(Allegrini et al.,

2003）。对TermBank术语库中的每一个术语（包括单一术语与复合术语），我们提取出一个术语集，当中包含1071个语义关联的术语，指涉238个术语词头。

下面是一个实例，展示了语义相关术语的聚类：

127

disposizioni 'provision'
   norme, disposizioni relative, decisione, atto, prescrizioni
legge 'law'
   regolamento, protocollo, accordo, statuto, amministrazioni comunali
pubblicità ingannevole 'misleading advertisement'
   pratiche commerciali, procedimento, pubblicità comparativa,
   clausole abusive, pubblicità
cmv (comitato per i medicinali veterinari) 'committee for veterinary medicines', comitato, cpmp (Committee for Proprietary Medicinal Products), commissione, membri, consiglio

应当注意的是，在这些语义相关单词的聚类中，不同的分类维度不可避免地塌缩（collapsed）到一起；当中不仅有准同义词，如disposizioni"条款"（provision）和norme"法规"（regulation），也有上位词与下位词，如comitato"委员会"（committee）和cmv (comitato per I medicinali veterinari)"兽用医药委员会"（committee for veterinary medicines）；还有相对较松散的词语联系，例如legge"法律"（law）与amministrazione comunale"市政管理"（municipal administration）之间，或者comitato"委员会"（committee）与membri"成员"（members）之间的关系。

英语文本中的术语提取

为了执行"达洛斯"词汇层的英语版本，有两项术语提取的应用软件被启用。术语提取工作的总体重心放在了名词性候选术语上。未来，候选术语集将进一步扩展至动词性候选术语。

第一个术语提取应用软件是术语提取器（TermExtractor）[①]（Sclano和Velardi，2007），它提供了一个全面的算法包，用于从任意文本语料库中选取相关术语。术语提取器首先提取出一张"句法合理"（syntactically plausible）的候选术语列表（例如复合词、名词形容词等），并根据两种基于信息熵的度量来判断术语度（termhood）。这两种度量是"领域相关度"（Domain Relevance）和"领域共识度"（Domain Consensus），被用来筛选出那些与所关注领域相关、在语料库文档中被共同指涉的术语。领域相关度根据一组来自不同领域的对照术语来计算，并使用"词汇衔接度"（Lexical Cohesion）筛选出候选术语，词汇衔接度测量的则是一个术语串中各个单词间的联系程度。领域共识度计算的是候选术语在所有文档中的总体显著性（overall significance）。不仅如此，领域共识度还容许加入其他不同的设置，如形态还原和排除嵌套术语（nested terms）。表5.2展示了术语提取器的运行结果。权重（weight）是基于领域相关度、领域共识度与词汇衔接度加权平均后的总体得分（在0

---

① http://lcl2.di.uniroma1.it/termextractor/

到1间取值)。

表5.2 术语提取器(TermExtractor)的结果

	权重	领域相关度	领域共识度	词汇衔接度
成员国(member state)	0.945	1.000	0.863	1.000
自由流动(free movement)	0.754	1.000	0.797	0.330
官方公报(official journal)	0.747	1.000	0.722	0.545
消费者保护(protection of consumers)	0.731	1.000	0.783	0.139
金融服务(financial service)	0.729	1.000	0.729	0.288
内部市场(internal market)	0.728	1.000	0.673	0.477
委员会指令(council directive)	0.722	1.000	0.705	0.346
国家立法(national legislation)	0.713	1.000	0.762	0.060
自然人(natural person)	0.712	1.000	0.673	0.412
共同体层面(community level)	0.711	1.000	0.740	0.116
国家法(national law)	0.707	1.000	0.672	0.282
个人数据(personal data)	0.704	1.000	0.677	0.314
消费者利益(interest of consumers)	0.698	1.000	0.712	0.111

第二个应用软件是谢菲尔德大学开发的"文本工程通用体系结构"(GATE)[①](Cunningham et al., 2002)。"文本工程通用体系结构"是面向语言工程(Language Engineering, 简称为LE)应用软件的一种体系架构、框架与开发环境, 用于支持高效、稳健的文本处理。

---

① http://www.gate.ac.uk

"文本工程通用体系结构"使用自然语言处理技术来辅助本体领域建模的知识获取过程，它应用自动化语言分析，从文本资源中创建本体知识，或者借助半自动化技术，辅助本体工程师与领域专家的工作（Buckley和Salton，1988）（Hearst，1992）。

为了从"达洛斯"语料库中提取术语，"文本工程通用体系结构"分别执行了以下任务：

- 通过对文本进行分词（tokenization）和句子分割（sentence splitting），将文本划分为可处理单元；
- 词性标注；
- 形态还原，为每一个词语形式生成引文形式（citation form）；①
- 用一个多词单位语法（multi word unit grammar），定义构成名词性短语的词性标签序列；
- 对词频/逆文档频率的计算（TF/IDF）（Buckley和Salton，1988）。该方法借助词频和所收集文档的数量，计算各候选术语在每一个文档中的显著性，被广泛用于信息检索和文本挖掘。
- 根据一个经验上确定的阈值，从所有候选术语中选出那些词频/逆文档频率得分高于该阈值的术语。

表5.3展示了使用前述语法定义的词性序列的一个实例。词频/逆文档频率得分（tf/idf score）的阈值在实验中设为5。

---

① 根据本文作者的释义，引文形式是指在一处法律引文中识别出的术语的集合。——译者

表5.3 词性标注序列

词组	术语	词频/逆文档频率得分
单一名词	消费者（consumer）	10.3
复合名词组合	信贷协议（credit agreement）	7.5
	远程销售（distance sales）	10.2
	套餐旅行合同（package travel contract）	11.2
名词—介词—名词组合	行为准则（code of conduct）	8.8
	防止损害（protection against victimization）	11.2
	卖方（seller of goods）	10.1

术语提取器与"文本工程通用体系结构"的组合让我们有能力获得更可靠的候选术语（被二者共同选中的候选术语会具有非常高的术语度），而"文本工程通用体系结构"容许将运用的技术扩展到包括荷兰语在内的其他语言，并使之构成"达洛斯"的一部分。而就确定术语之间的关系这样的深度处理而言，"文本工程通用体系结构"在自然语言处理上赋予了我们更多的技术潜力，使我们可以在文本环境中对术语做后续分析。

总体来看，英语术语提取的总体结果呈现为一个结合了术语提取器结果和词频/逆文档频率结果的集合。该集合包含2664个术语，其中有833个复合词单位，1831个单一名词。

英语术语的组织与结构化

面向新获取的术语进行概念结构化，可以挖掘出候选术语的不同语言属性。首先，针对候选术语内部结构的分析，将容许创建候选术语之间的链接，以及候选术语与"面向知识分享的法律本体"数据库中已有术语之间的链接。就名词性短语而言，其词头与修饰部分被分隔开来，当整个名词性短语与词头都属于候选术语集或者都属于"面向知识分享的法律本体"的术语词汇表时，下义词关系就会自动建立起来。例如，"流通"（circulation）是"信息流通"（circulation of information）的上义词，而"支付安排"（arrangement for payment）则是"安排"（arrangement）的下义词。此外，复合词单位的修饰成分与候选术语之间的等同关系（identity relation）则意味着，两个术语之间存在论旨关系（thematic relation），例如"参照"（reference）和"参照周期"（reference period），"相互承认"（mutual recognition）和"相互承认程序"（mutual recognition procedure）就揭示了这样一种关系。另外，词汇-句法模板，即所谓的"赫斯特"模式（Hearst patterns），譬如："例如"（such as）、"包括"（including）、"及其他"（and other）（Hearst, 1992）也表明了语义关系。当词汇-句法模板应用至法律文本时，它们定义了候选术语之间的上下位语义关系（hypernymic relations）。例如，定义："'消费者为借款支付的费用'意味着消费者需为借款支付的所有费用，包括利息及其他费用"（"total cost of the credit to the consumer" means all the costs, including interest and other charges, which the consumer has to pay for the credit）。这个定义支持在"利息"（interest）和"费用"（charge）两个术语之间创建上下位关系的链接。我们的目的是在不远的将来，将这些方法进一步扩展用于提取候选术语与通过统计得到的搭配信息之间的动词间关系（verbal relations）。

六、本体层的实现[*]

"达洛斯"本体层的目标是在一个独立于语言的层面上提供

---

[*] 意大利国家研究委员会法律信息理论与技术研究所洛伦佐·巴奇尼（Lorenzo Bacci）对本部分的写作亦有贡献。

概念对齐（alignment of concepts）。它不仅是一个构筑在各种依赖于语言的词汇表现之间的中枢结构，而且充分利用其用于表征的资源描述框架/网络本体语言语义网标准的表达力，从概念以及概念之间的关系上为选定领域提供了更多语义上的刻画。

正如本章第三节第四部分所讨论的，本体层是一项智力活动的结果，旨在对被选用为试点场景的消费者保护领域进行描述。本体层是通过扩展"核心法律本体"（CLO）（Gangemi et al., 2005）实现的，核心法律本体则是在"语言与认知工程描述本体"的基础本体（DOLCE foundational ontology）（Masolo et al., 2004a）之上，结合DOLCE+library①内部的"描述与情境"（"Descriptions and Situations"，简称为DnS）本体（Gangemi et al., 2003）（Masolo et al., 2004b）而开发的②。这一扩展用于应对选定领域的实体及其法律特性。在这一知识架构中，核心法律本体的作用是提供法律一般性理论中的实体/概念，在具体领域的概念与形式上部层次的抽象类别或者基础本体（例如本文提到的"语言与认知工程描述本体"）之间搭建桥梁。

就领域特定概念而言，"达洛斯"本体层在设计时着重区分法律领域的内涵性指引（intensional specifications）（如法律规范、合同、角色）与外延性实现（extensional realizations）（同领域中的案例、合同履行、主体）。这一区分是由"描述与情境"本体识别，并通过"核心法律本体"扩展至法律领域。该区分也与所谓的"规范↔案件"设计模式（Norm↔Case design

---

① DOLCE+library, http://dolce.semanticweb.org。（其中的DOLCE即先前译文中出现的"语言与认知工程描述本体"。——译者）

② http://www.loa-cnr.it/ontologies/CLO/CoreLegal.owl

pattern）（Gangemi，2007）（CODeP[①]）相关。根据"规范↔案件"设计模式，像规范这样的内涵性指引将使用任务、角色和参数，而就法律案件这样的外延性实现而言，当其行为、对象与赋值分别被归类于任务、角色和参数时，则外延性与规范相匹配。实现这一匹配的典型方式，是检查一项法律事实中的每一个实体是否与一项法律描述中的每一个概念相符（Gangemi，2007）。

"达洛斯"强调的上述区分与该项目面向的立法起草活动有紧密联系。事实上，除了那些更加技术性的部分（如修订现有规范），立法起草可以看成是一项在一般性情境描述上创造规范的活动，它通过道义术语等对规范做出限定（Hoekstra et al.，2007）。一般性情境又被称为"情境框架"（situational frameworks）（Hoekstra et al.，2007）。从"核心法律本体"的角度来说，这一项活动侧重对一般性情境的描述（即内涵性指引），并赋予描述一种规范性的视角。例如欧盟指令 Directive97/7/EC of 20 May 1997 在第 7 条第 1 段指出"除非当事人另有约定，供应商应当自消费者向其发送订单之日起的 30 日内履行订单"，该条文所表达的是，除非双方另有合意，"供应商根据消费者的请求履行订单"这个一般性情境是供应商有义务去实现的，且该义务应在消费者提出请求之日起的 30 日内履行完毕。

一般性情境的规范性视角是立法起草活动的结果。由于立法起草时将文本段落划分为条文，这些条文可在语义上界定为条款（Biagioli，1997），或者是一项法规的片段，例如，一个角色在完成一项任务中承担的义务）。

---

① Conceptual Ontology Design Pattern（直译为"概念性本体设计模式"。——译者）

相应地，用以支持立法起草工作的活动包括以下：1）一个条款类型的分类，为一般性情境提供规范性视角；2）一种知识资源，辅助特定领域中一般性情境的描述，并为这些情境中的实体提供本体视角（Biagioli et al.，2007）。"达洛斯"本体层意在表示这一知识资源，专门用于试点实例的消费者保护领域。

因此，本体层遍布了用以刻画消费者保护领域的概念性实体。第一个假定是，所有由消费者法律定义的概念都在本领域内具有代表性，由此，一些在与本体相关的定义性语境中使用过（used）的概念也代表了相应概念的基本属性或者"内涵性含义"。同样地，本体层还包含了与选取领域具有法律相关性的一般性情境。

按照从"核心法律本体"数据库中选择的一般性概念，这些特定领域概念被分类为"法律_角色"（Legal_role）和"法律_情境"（Legal_situation）。图5.2展示了一些从消费者法律的定义中获得的概念，如"商业_交易"（Commercial_transaction）、"消费者"（Consumer）、"货物"（Good）、"价格"（Price），等等。它们都扮演着特定的角色（Masolo et al.，2004b）。

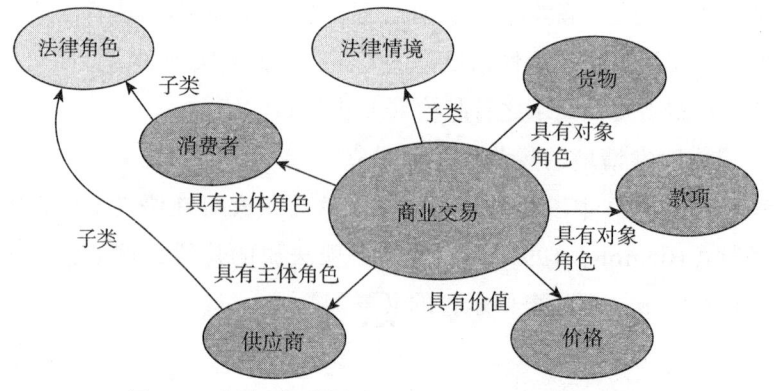

图5.2 示例：概念被表述为一个法律情境的子类

另一个假设是，从"核心法律本体"中提炼出来的主要实体是公理化的、两两不相交的类（axiomatized, disjoint classes），并由诸如"身份"（Identity）、"统一性"（Unity）、"严格性"（Rigidity）等元属性（meta properties）刻画。一个典型的区分实例是"角色"（Roles）（反严格的）与类型（Types）（严格的）。角色之所以是反严格的，因为角色"对它们的所有实例来说都是偶在（contingent）（非本质）的属性"（Masolo et al., 2004b）。相反，类型能同时扮演多个角色。例如，一个法律主体（无论是自然人还是拟制人）既可以是一个销售者，也可以是一个购买者。每一特定领域的要求是通过本体类上的限定表达的，例如将"消费者"（Consumer）定义为一个只能由"自然_人"（Natural_person）行使的角色。

"达洛斯"本体层的首个版本包含121个已命名的类。

本体层的概念被链接到词汇层的同义词集合上，并通过"有词汇化"（hasLexicalization）这项属性来表示概念的词汇表现（见图5.1）。在"达洛斯"中，这种关联是通过人的智力活动来实施和执行的。

七、应用程序原型[*]

"达洛斯"项目开发了一个原型应用程序，用来展示"达洛斯"资源的访问方式，以及它如何为"消费者保护"领域相关的立法文件起草工作提供多语种的词汇支持和语义支持。

可扩展标记语言立法编辑器（xmLegesEditor）是由意大利

---

[*] 意大利国家研究委员会法律信息理论与技术研究所（ITTIG-CNR）的托马索·阿尼奥洛尼（Tommaso Agnoloni）对本部分的写作亦有贡献。

国家研究委员会法律信息理论与技术研究所开发的开源立法起草环境（Agnoloni et al., 2007），用于支持采纳法律的国家标准（"语义网规范"的可扩展标记语言和统一资源名称标准[①]）。简要地说，可扩展标记语言立法编辑器是一个可视化的可扩展标记语言编辑器，能支持立法起草人员创制符合标准的规范性文件。该编辑器为结构标注和语义标注提供一系列高阶功能，并为构造能长久存续的超链接规范参照（persistent hyperlinked normative references）提供了用户友好型工具（Francesconi, 2006；Biagioli et al., 2005b）。

可扩展标记语言立法编辑器也是"希尔"[②]项目（Smart Environment for Assisting the drafting and debating of Legislation, 简称为SEAL[③]）正在评估的三大法规起草环境之一。已有研究对可扩展标记语言立法编辑器与其他法规起草环境进行了比较（van de Ven et al., 2007；Palmirani和Brighi, 2006）。

经"达洛斯"扩展的可扩展标记语言立法编辑器，实现了从立法起草环境到"达洛斯"知识资源的集成性接入。

"达洛斯"资源是以语义资源的资源描述框架/网络本体语言的万维网联盟标准格式来呈现的。这使得人们可以通过专门配置的软件库，轻松、灵活地实现"达洛斯"资源在应用程序中的集成。Jena[④]是Java语言下开发语义网应用的最常用的一个

[①] "语义网规范"（NormeInRete）项目，http://www.normeinrete.it。
[②] "希尔"是欧盟委员会的"电子参与"倡议中的一个项目，见http://www.eu-participation.eu/seal。
[③] 直译为"立法起草与辩论活动的智能辅助环境"。——译者
[④] http://jena.sourceforge.net，是Jena语义网框架（JenaSemantic Web Framework）的网站。

框架。在它的众多特色中，Jena框架为访问和操作资源描述框架/网络本体语言语义资源提供了高层次的技术手段。"达洛斯"资源在可扩展标记语言立法编辑器（同样用Java语言开发）中的使用，使得"达洛斯"资源可以被灵活地访问和获取。例如，使用"达洛斯"资源，可以用一种动态、透明的方式，为"达洛斯"的词汇层次更新不同语言的词汇单位。

在原型应用程序中访问"达洛斯"资源

可扩展标记语言立法编辑器的"达洛斯"版本提供额外的操作面板，供用户访问"达洛斯"知识资源。不同类型的访问接口根据"达洛斯"的多层次体系架构而设计，并且在数个应用程序面板中实施，如图5.3所示。

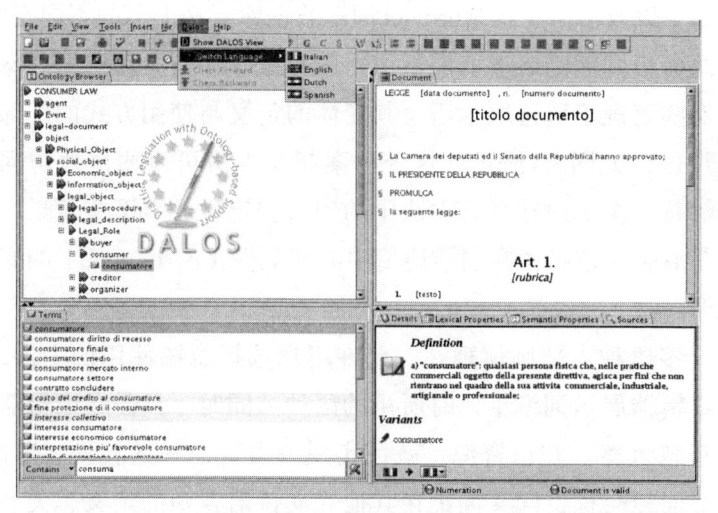

图5.3 可扩展标记语言立法编辑器"达洛斯"原型截图

本体浏览器（Ontology Browser）面板将本体的层级结构（Ontology hierarchy）以树状视图呈现，使用户可以连贯地从本体的各个类浏览到各个被分类术语，从而为法案起草人员提供一个总览领域本体和相关术语分类的智能视角。

根据前文描述的策略而汇集在同义词集中的词汇单位，同样可借助一个直观陈列的术语（Terms）面板来访问。通过该面板，用户可以根据所选择的语言获得所有的领域术语，或在简单设定查询参数后，对所提取的同义词集合的词汇形式执行文本查询。那些在领域语料库中被定义的术语，会因为其有助于避免词义模糊和推动术语协调而在列表中高亮显示（Mommers 和 Voermans，2005）。

针对被选取的同义词集，细节（Details）面板与来源（Sources）面板向用户呈现一般性的词汇信息。其中，细节面板展示的是：领域语料库中的文本片段作为术语定义（如果有的话）以及术语（在 WordNet 词汇数据库意义上）的不同变体；来源面板则用列表形式展示了一串超链接，指向领域语料库中的那些表现了所选取术语及其变体的定义与使用方式的外部文本片段，如图 5.4 所示。这令法案起草人员可以便捷地访问和了解每一个术语在现有立法中的用法和定义的上下文背景，从而获取关于该术语在当前语境中的相关性（pertinence）的有益反馈。

多语种支持则体现在，允许用户选择意图使用的主语言，即编辑器展示词汇单位时所用的语种。同时，只需在编辑器中重新载入整个知识资源，就可实现主语言语种的转换。随后，细节面板会提供同义词集在其他受支持语言中的定义、关系和资源。这项功能是由术语协同（terms alignment）提供的。

在词汇属性（Lexical Properties）面板，如图 5.4 所示，以 WordNet 词汇数据库的语义学模型为基础，通过词汇层确立的语言关系可从网络本体语言资源中动态访问并向用户呈现。该面板将展示选定同义词集合中的"上下义关系"、"模糊义关系"（作为"相关术语"），及其与选定语言中的其他同义词集合之间存在的 WordNet 关系。

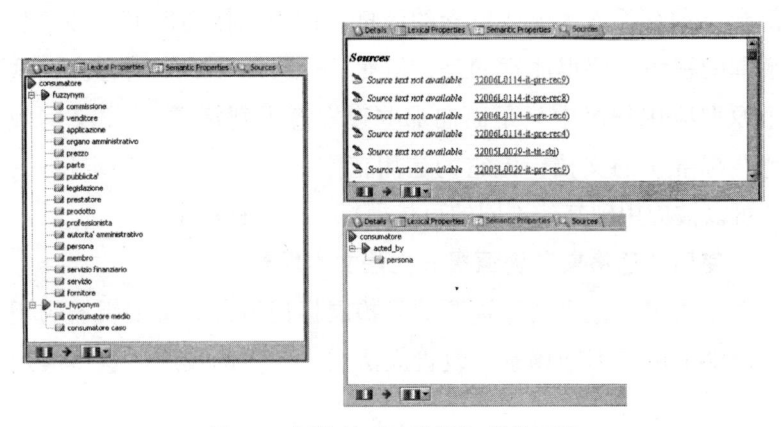

图 5.4 额外的"达洛斯"操作面板

同样地，语义关系（Semantic Relations）面板展示了以第五章第三节第三部分所描述的领域本体中的分类为根据，而在所选取的同义词集合与其他同义词集合之间通过推断得到的语义关系。语义关系经由 Jenalibrary 提供的推理引擎访问网络本体语言资源来动态推断，并在一个层级视图中展示给用户。

在原型应用程序中使用"达洛斯"资源

可扩展标记语言立法编辑器与"达洛斯"知识资源的集成，是通过为各个编辑面板提供交互功能来实现的。当选定一个同义词集合后，用户可以选择它的一个词汇变体作为规范化术语，按照光标指定的位置将其插入正在编辑的文本中，或者以一个指向选定同义词集的参照来标注这个被选定的词语。

所插入的术语将在文本中高亮显示，以表明它来自"达洛斯"资源。另外，该术语也会在背后的可扩展标记语言文档中被标注，指明其来自"达洛斯"资源。这意味着，文本包含了术语来源的信息。例如，在可扩展标记语言立法编辑器中打开一个文档，并点击高亮显示的术语后，先前描述的所有面板都会显示有关该术语或概念的信息。这为文档提供了一种自我解释的视角。值得注意的是，虽然"达洛斯"的术语标注在这个原型应用程序中只是面向那些遵守意大利标准（"语义网规范"标准）的文档，但它的运用范围并不限于任一特定格式，还可以被应用到其他不同的可扩展标记语言标准中。

使用"达洛斯"资源提升立法文本质量

集成了"达洛斯"资源的可扩展标记语言立法编辑器为用户提供了可在不同场景中改善立法文本质量的设施。这些应用场景主要分为三类：

1. 起草新的立法文件；
2. 检查现有的文件；
3. 将欧盟指令转换为国家立法。

第一个应用场景处理的是新条款的起草工作；在这个场景中，用户可以浏览本体层，识别与待规制场景相关的概念，及其关联性概念的微观概念聚类，并同时获取语义关系，从而为待规制场景建模。在进入词汇层后，用户可根据选定的语言，选择对前述概念更为合适的词汇表达，同时也查对这些词汇在欧盟立法中的使用语境（在来源面板），并使用恰当的可扩展标记语言标注将所选择的词汇单位插入文本。类似地，用户可以搜索某个术语，看其是否包含在了词汇层中，以及该术语在本体层的概念描述。

第二个应用场景着重核对现有文本的术语准确性。使用本文描述的系统，用户可检查文本中所有被"达洛斯"词汇层涵盖的词汇单位，校验它们与当前文本语境的相关性，并且适时将这些词汇单位替换为其他更为合适的术语。

第三个应用场景强调开发专门的设施，确保欧盟立法向国家立法转换过程中的术语融贯性和概念融贯性。通常情况下，欧盟指令使用一般性概念和术语，以更好地适应不同成员国的法律文化。然而，在所要转换的法律以及相关指令的转换语言版本中，使用同一个术语可能并不适合一国的法律文化和立法。例如，欧盟指令1999/93/EC使用的术语是"电子签名"（electronic signature），而意大利立法（D. Lgs. 7 March 2005, n. 82）则使用了三个术语变体："firma elettronica"（电子签名）是更为一般的概念，而"firma elettronica qualificata"［合格电子签名（qualified electronic signature）］和"firma digitale"［数字签名（digital signature）］是更为具体的概念。法律起草人员在"达洛斯"资源的辅助下，可以选择更加合适的概念和术语体系，用于所要转换的法律中。

八、结论

"达洛斯"项目的主要目标是为立法人员提供可用于立法流程（尤其是起草环节）的语言管理和知识管理工具。在一个像欧盟立法这样的多语种环境中，"达洛斯"旨在维系对法律语言的把控，改善立法产出的质量，以及提升欧盟层面的立法协作与立法的可获取性。

本章展示了"达洛斯"资源在本体层和词汇层两个知识层次上的组织架构，以及使用此一体系结构的动机和实现方法。我们还特别展示了本体层在开发时遵循的原则以及实现词汇层时所使用的自然语言处理技术。最后，我们展示了"达洛斯"

资源在可扩展标记语言立法编辑器立法起草环境中的使用，以及为改善立法文本质量准备的各项设施。

就未来的发展而言，可扩展标记语言立法编辑器可以进一步改造为"达洛斯"知识资源的修改工具，例如，在局部扩展词库或对术语展开分类、校正不同语言中的术语或使它们实现术语协同，以及在一般层面上修改该知识资源后，提交给专家社群，实现用户贡献下的动态更新。

"达洛斯"资源所发展的、以规范化术语词库标注的文件档案库，也可在文件索引中用于提供更完善的检索服务。此外，由于可扩展标记语言文本中的术语可经由词汇层链接至本体层次，未来可开发出更高阶的查询功能来挖掘语义，并通过使用更复杂的检索推理来提取规范或文本片段。

本节讨论的应用程序原型（由起草工具和知识资源集成而成的软件环境）已由意大利国会的立法办公室、意大利国家公共行政信息技术中心（CNIPA）[①]以及荷兰、西班牙的多个公共行政部门进行了测试。

第四节 "希尔"项目

"希尔"项目的目标是在欧盟议会、国家议会、地方议会和市议会这几个不同层面的议会立法流程中，集成各个专门的立法起草环境。

---

① 全称为意大利公共行政改革与创新部/国家公共行政信息技术中心（Italian Minister of Reforms and Innovations in Public Administration/ National Center for Information Technology in Public Administration）。

第五章　欧洲项目中的立法标准

目前，欧洲境内几乎所有的立法机构都在使用通用的文字处理工具来辅助起草流程。这些工具通常并不能与流畅的立法起草流程和立法辩论环境所需要的其他要素很好地结合。这些要素包括：工作流管理辅助系统、配置了搜索设施的中枢仓储库、可辅助群体活动（group dynamics）（包括版本管理和分发）①的工具以及出版设施。

为给立法起草人员（也即议会或市政委员会中处理日常起草和决策工作的成员）提供辅助，目前可用于处理国家和欧盟层面可扩展标记语言立法标准的立法起草环境已经过测试，并集成于一个专门的立法工作流内。该工作流系统包括配备了立法文档版本管理工具的远程文档仓储库。

第三章第二节展示的三个编辑器，即可扩展标记语言立法编辑器、规范性文件起草编辑器、"元数据法律"法规起草环境编辑器，已被奥地利、荷兰和意大利的议会以及意大利国家公共行政信息技术中心考虑纳入测试环节，一些测试标准由本项目的参与者提供。

一、起草环境达标标准

针对"希尔"项目不同参与者展开的访谈收集了许多关于立法起草环境测试标准的用户要求（van der Ven，2007）。

参与者们强调，起草工具不仅需要为联邦政府部门与议会小组起草立法的各个阶段提供支持，也要为联邦或者国家政府、议会委员会及全体会议编辑立法的各个阶段提供辅助。另外，

---

① 根据本文作者的释义，这里的"群体活动"特指议会团体的活动，如辩论、提出修改意见等。——译者

该工具也应与政府层面的工作流系统和议会层面的数据库联结，从而使起草的文档可在这些系统中存储、传输和处理。

此外，使起草工具拥有直观、用户友好的交互界面也是优先级最高的考虑之一。缺少了这些特性，大多数用户便不会认为它是一个切实可行的工具，并会对用户友好性的阙如展开集中批评。特别对于要实施的可扩展标记语言标准来说，起草工具还应能够隐藏它的所有细节（尤其对于"元数据法律模式/欧洲标准化委员会"标准及其在各国的实施来说）：正是由于这一点，才凸显该工具对于法律起草人员的使用价值。

各国政府已经为法案和其他立法文件的起草工作颁布了立法起草规则（Legislative Drafting Rules），例如，奥地利联邦总理府（Federal Chancellery）颁发的立法起草规则，荷兰和意大利政府颁布的立法起草指南。起草工具应具备的另一项功能就是帮助立法活动遵守这些规则。

142 意大利国会，包括众议院与参议院（Chamber of Deputies and Senate）都特别提出了额外的要求，主张一个编辑器应用程序应辅助完成下列任务：

——在草案从国会一院传抵另一院时，对草案作校订以即刻检查被另一院改动的部分；

——当修正案表决通过后，在委员会和议会的工作中统合各修正案；

——实现文本之间、文本及其多个修正案之间的比较，即平行文本（"testo a fronte"）；

——胜任极为繁重和快节奏的立法起草活动。众议院和参议院皆认为传统的工具和技术反而比眼下的电脑和电子文档更为快捷；

——出版过程中的印刷版面设计必须非常仔细,以将所有数据重新编列,用于官方出版,同时填充内部信息系统数据库。

最后,编辑工具还需在立法流程的衔接阶段,也即后处理阶段(post-process phases)中发挥作用,具体是指:插入文本,检查、读取与管理数据库入口并以恰当的方式标注这些活动。

就编辑工具在各流程中的使用而言,以下议题必须纳入考虑:

——每一个步骤之间的确切时点;

——议院辩论期间给编辑工具带来的不同信息输入;

——各修正案的不同格式;

——基于纸质文件和签名的不同控制系统。

总的来说,该起草环境应当为立法流程提供充分的支持,以提升法律的融贯性和法律质量。同时,工作环境也允许知识和经验在立法起草领域被重新利用。另外,它还可以便利立法的对外宣传,如开通公众意见征求的渠道,或通过其他常见的渠道(如借助门户网站或文件向公众发布)来与民众交流。

二、"希尔"项目的文件仓储库

"希尔"项目开发了一个专门针对立法文件特性的文件仓储库,图5.5所示。

该仓储库支持在同一个团队环境中运行下述四组主要功能:

1. 利用共享项目来共享资源;
2. 发布共享项目管理;
3. 流程支持;
4. 仓储库管理。

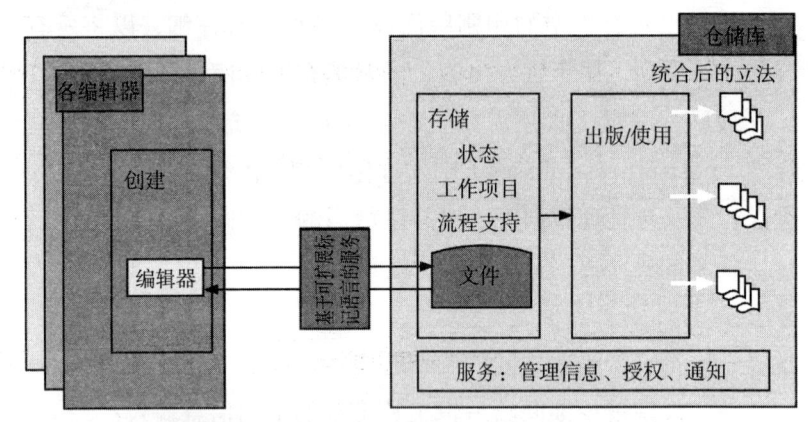

图5.5 "希尔"项目文件仓储库的体系结构

"希尔"文件仓储库的团队环境资源共享接口是在基于万维网的分布式创作和版本管理协议（WebDAV[①]）、万维网版本管理和配置管理协议（Delta-V[②]）上建立的。这个团队仓储库可以容纳许多不同的文件格式。但就"希尔"项目而论，所有由编辑器生成的法律文件都必须是有效的"元数据法律模式/欧洲标准化委员会"文件。

借助体系结构中的工作项目（Work items），团队环境中的用户可以得到来自文件仓储库的支持。工作项目和用户个人

[①] 根据WebDAV网络社区的介绍，WebDAV的全称是"Web-based Distributed Authoring and Versioning"（即"基于万维网的分布式创作和版本管理"），它是超文本传送协议（HTTP）的一个扩展，容许用户在远程万维网服务器上合作编辑和管理文件。参见http://www.webdav.org/。——译者

[②] 根据因特网工程任务组Delta-V工作组的网页介绍，Delta-V指代"Web Versioning and Configuration Management"（即"万维网版本管理和配置管理"），它是WebDAV的扩展，用于对万维网服务器上存储的文件进行远程的版本管理与配置管理，参见http://www.webdav.org/deltav/WWW10/deltav-intro.htm。——译者

任务列表中的项目是相近的，但前者额外纳入了更多针对工作流程的支持。工作项目的列表等价于用户个人的任务列表。工作项目也以一种松散的方式与资源匹配。如此设定是为了留下足够的灵活性，以令各式各样的用户环境得以定制自身的工作流和严格性尺度。工作项目的列表也可作为"简易信息整合"订阅（RSS-feed）提供。个人工作项目的获取和更新是通过基于"描述性状态迁移"的应用程序接口（REST-based API）实现的。

第六章　立法过程技术的视角[*]

文档标准的采用，对提升立法过程质量，以及立法者、法律专家和公民对立法文件的可获取性，贡献斐然。

尽管立法文件的可访问性和软件应用程序的互通性都极大受益于文档标准的使用，但是文档标准对纯粹的立法过程，尤其是立法起草过程的潜在价值仍没有得到充分挖掘。

立法文档标准的使用，尤其是立法语义模型的使用，可以为新一代工具的产生创造条件。新工具能够为进一步提升立法质量提供设施，从而在更为抽象的（概念）层面帮助立法者。

在过去几年里，比亚焦利（Biagioli，1992）主张，基于立法的语义模型开发用于立法"概念起草"的新一代立法起草工具（参见第一章第二节"条款模型"）。立法起草工具是一种从概念角度来规划和表达新法案的模型驱动方法（"元起草环境"）。近期（Biagioli et al.，2007），随着立法标准的采用，模

---

[*] 本章与意大利国家研究委员会法律信息理论与技术研究所的卡洛·比亚焦利（Carlo Biagioli）合著。

型的功能架构和软件架构被设计出来，用于建立支持立法起草活动的立法环境。

第一节　立法环境

如第一章第二节第三部分所述，将条款模型（Model of Provisions）应用于处理立法，主要有三个目的：管理规范体系、搜索条款以及文本元起草（meta-drafting）。实现这些功能的工具可被视作立法环境的组件。

首先，修正案描述（如插入、删除、替换）被用于自动获取汇编的法律文本，从而有利于维护法律秩序。

其次，使用条款模型，可以改善法律文本的可访问性，为用户提供高级语义搜索和立法检索功能。基于这个目的，一种通过元数据查询立法文本功能配置的工具（即元搜索，参见Biagioli 和 Turchi, 2005）被开发出来。该模块允许在两种推理模式的基础上，对立法信息系统展开查询：一种推理模式是对条款及其关系的推理，另一种推理模式是对领域概念及其关系的推理。

最后，使用条款模型，可以为立法者提供工具，用于有效地规划有机、结构合理的法案。

从概念的角度看，将条文语义模型用于规划新法案，将从结构和语义上提高立法文本的质量。这一从概念的角度规划一项新法案的过程被称为"元起草"（Biagioli, 1992）（如图6.1所示）。相应地，执行这一立法起草策略的系统则被称作"元起草环境"（Meta-Drafting environment）（Biagioli et al., 2007）。

147

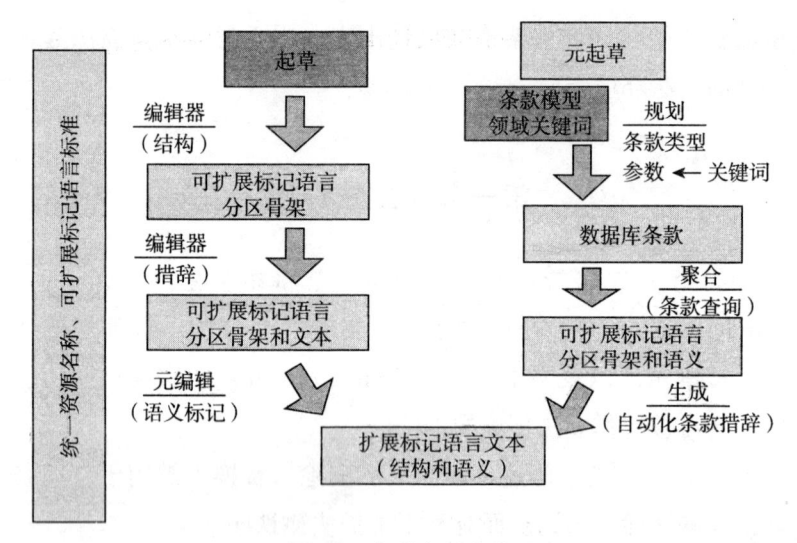

```
统一资源名称，可扩展标记语言标准
```

图6.1　起草与元起草

第二节　元起草环境

如本书以及比亚焦利和弗朗西斯科尼（Biagioli 和 Francesconi，2005a）所讨论的，元起草环境项目旨在为立法起草人员提供设施，用于规划有机、结构合理的新法案。尤为特别的是，元起草环境的目的在于为用户提供设施，帮助他们从语义的角度组织新的法律文本，进而通过组织文本语义本身而获得文本的形式轮廓。

在传统的制定新法案的活动中，即便在起草最后阶段所形成的文档，其形式结构仍然可能不是表达文本语义的最佳选择。相比之下，元起草规划模块的目标是颠覆传统的立法起草过程，它在第一个阶段，就先通过功能配置为表达立法文本语义提供设施，仅仅在第二个阶段，才以适当的形式结构组织语义组件。

语义通过前文提及的条款类型和参数来表达,而立法文本的语义由文件管理员或专门的软件来决定,通常作为元数据添加到文档中来。在本书所提及的元起草环境架构中,语义发挥着不同的作用。首先,语义由立法起草者亲自选择和决定;其次,语义在文本起草阶段被确定,用于辅助文本的起草。因此,可以说,由于经立法起草者亲自选择,语义首先是"真实的"元数据,其次,它们不仅被应用于搜索过程,也应用于起草阶段。而第一点所指的元数据的真实性,如拉赫迈耶和霍夫曼(Lachmayer 和 Hoffmann,2005)近期指出的,在立法可扩展标记语言社区中是一个关键问题。

第三节 规划新法案的过程

从语义的角度来看,规划一项新法案可以被视为一种活动,即它主要用于描述人类活动中的利益领域(或一个场景)如何受到新法案的规制。规划过程的形式化既取决于对待规制的场景进行建模,也可以根据法案规制该场景的不同方式来建构模型。场景由现实世界的术语和概念组成,而这些术语和概念既可能从术语层次(即同义词典)和概念分类(即本体)中提取出来,也可能组织成术语层次和概念分类。

同样地,为一种法律秩序而建构的模型在某种程度上取决于条款的概念。就此观点而言,比亚焦利指出,"立法文本可被视为容纳和传递条款的载体,而法律秩序则可以被看作一系列的条款而非法律"(Biagioli,1997)。

对于规划新法案的活动而言,元起草环境架构可以提供设施，帮助立法者在条款模型的实例和待规制场景实体之间建立联系。已确立关系的集合和这些模型的实例将对草拟中法案的语义进行表征，即功能轮廓。

在定义新法案的功能轮廓后，元起草环境架构将提供设施，根据从立法技术规则中衍生出来的若干标准（表示为查询选项），辅助将语义组件（即条款）组织到构建法案的正式分区中。在过程结束时，法案的形式分区将包含语义相关的组件（即条款），相应地，新法案中语义合格的形式结构骨架（formal structure skeleton）得以生成。

分区措辞可以取决于用户，或者也可以根据与每一个分区相关联的条款的语义，得到分区措辞的建议。

在本章第三节第一到第四部分中，笔者将详细介绍使用元起草环境草拟一项新法案的主要阶段。

一、定义待规制的场景

传统意义上，立法中的系列行为从介绍相关重要概念的定义性条款开始，这就包括：对相关主体（规范接受者）主要活动、受规制行为，以及一般情形下属于法律规制领域的实体进行描述。

由起草者引入的术语（例如主体，行为等）将会对待规制场景及其定义的描述进行更新，从而为实体创造空间。更新是利用元起草环境中用于处理术语和概念管理的特定模块来完成。这些实体由实体名称和对应定义组成。

另外，起草者在图形设施的帮助下，可以通过基本关系[例如是（is a），构成部分（is part of），等等]，将正在构建的术语关联起来，从而创建一个分类树形结构。而得到的结果将是一组图形，用以表示草拟法案中待规制领域的关键术语。

二、构建条款实例（规划）

下一个阶段是，通过关联（规制关系）概念词典中的术语与条款参数（provision arguments），来构建条款实例。事实上，由于这些术语成为了条款参数的内容，因而，条款实例得以建立。为了从对应模型中获得一个条款实例，起草者可能从条款类型以及相关参数中，选择与拟定条款相关联的类型和参数，再用术语填充这些参数。因此，在构建条款实例时，起草者同时受到条款模型和与待规制领域术语相关的树形结构的指引。

以第一章第二节第一部分提到的意大利隐私法律为例，该法包含以下片段：

"当控制人处理的是属于本法案适用范围内的个人数据，应当通知'担保人'……"

根据意大利"语义网规范"项目的元数据架构定义，可以将上述片段描述为一个义务类型的条款实例和指代行为人（Addressee）、行为（Action）和相对方（Counter-party）的条款参数，具体描述如下：

义务

行为人："控制者"；

行为："通知"；

相对方："担保人"。

其中的参数值由描述待规制场景的术语来确定。

三、条款编组为正式分区（聚合）

这一阶段涉及以聚合的形式将条款实例编组为正式分区。起草者将被允许以直接的方式，或者采用元指令的方法（基本上是对元数据的查询），对语义相关的条款实例进行分组。聚合标准既可以是主题性的（取决于参数的内容），也可以是规制性的（衍生于条款类型及其典型结构）。

在确定组织文本的立法技术标准之后，选定的条款将被归类至形式结构中更高层次的分区中。例如，根据欧盟指令中一个通用、简单的标准——该标准至少被意大利立法起草者所遵循，在文档起始处，类型条款的"定义"（Definition）被编组为一个分区。另一个典型的标准是与某一类特定行为相关的条款类型的聚合，这些条款类型包括义务（Obligation）、程序（Procedure）和背离（Derogation）。

当起草者对已形成的聚合较为满意时，立法文本的功能结构就会稳定，而功能结构就有可能自动转换为最终的形式结构。

四、生成条款和标题文字（生成）

接下来的阶段，同时也是一个未来的研究问题，将涉及辅助起草者解决如何对单项条款的正文和正式分区的标题进行措辞。

使用计算语言工具生成语言，使得为条款实例的措辞生成句子建议（sentence proposals）成为可能。条款措辞可能存在几种不同的风格，至少包括了句子的主动和被动形式。

同样地，半自动化的标题措辞则可以完成建构法案的主体部分的这一过程。在意大利立法技术中，分区标题既表达了条款的主题含义，也表达了条款的规制含义。自动化标题的功能在于，它将有助于起草者自条款的术语参数开始，为每一项条款拟定标题建议。由于在意大利的立法技术中，一项条款通常对应于一个正式的段落，因此该条款的虚拟标题实际上代表了相应的正式段落的标题。更高一级容器分区的标题将作为其包含的分区标题的合成（即公分母）。

条款措辞生成模块的实现可以基于扩展巴科斯范式（EBNF）语法，用于表示每种条款类型的"结果"（productions）。下面是一个实例：

<条款类型>→<定义>｜<权限>｜<义务>｜
　　　　　<许可>｜<程序>｜<惩罚>
<定义>→<定义句法结构>
<权限>→<权限句法结构>
...
<义务>→<义务句法结构>

每个特定的句法结构都与一种条款类型的参数结构相关联。

第四节　元起草环境软件架构

元起草环境系统被视为条款的可视化编辑器，它包括以下三个主要组件：

1. 一个条款和参数的模型；
2. 一个用概念和术语表征的待规制场景的模型；
3. 一个可视化条款管理器。

一、条款和参数模型

正如本章第三节所讨论的,从概念的角度规划一项新法案,主要是建立在能够描述行为语义的条款模型上。

为了提供这种模型的标准化描述,可以将网络本体语言(OWL)语法[①]用作能够表示模型属性的语言。图6.2展示了条款模型部分的分类学描述以及网络本体语言的实现。

网络本体语言将提供一个妥善建立的条款模型及其实现,保证应用程序之间的互通性,并通过提供一个架构完善的框架,实现单个法案内或者整个法律语料库内的条款实例化的推理。

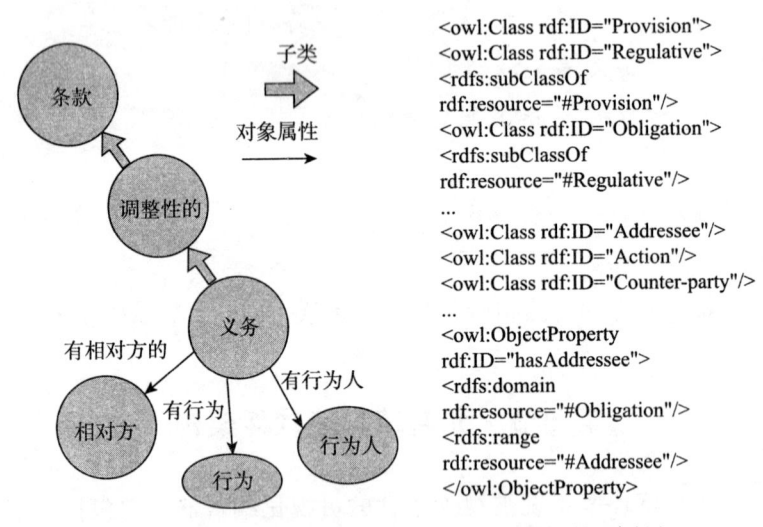

```
<owl:Class rdf:ID="Provision">
<owl:Class rdf:ID="Regulative">
<rdfs:subClassOf
rdf:resource="#Provision"/>
<owl:Class rdf:ID="Obligation">
<rdfs:subClassOf
rdf:resource="#Regulative"/>
...
<owl:Class rdf:ID="Addressee"/>
<owl:Class rdf:ID="Action"/>
<owl:Class rdf:ID="Counter-party"/>
...
<owl:ObjectProperty
rdf:ID="hasAddressee">
<rdfs:domain
rdf:resource="#Obligation"/>
<rdfs:range
rdf:resource="#Addressee"/>
</owl:ObjectProperty>
```

图6.2 条款模型部分的分类(义务模型的层级路径)及其网络本体语言的表示

---

① http://www.w3.org/TR/owl-ref/

二、待规制场景模型

正如本章第三节第一部分所讨论的，根据领域本体和同义词典，可以描述待规制场景的主要实体。在这种情况下，本体的使用至关重要。事实上，法律通常包含处理实体（参数）的条款，但并不提供任何关于实体的一般性信息。例如，意大利隐私法规定了"数据控制者"（即一系列个人数据的拥有者）这一实体的行为。然而，法律本身并没有给出"数据控制者"这一角色在真实世界中的任何信息。使用本体，将允许获得新法案中所规定实体的附加性一般信息。此外，使用本体，尤其是使用相关词汇表，将可以获取到表达实体的术语的归一化形式，从而使得这些术语在法律文档元数据查询过程中被索引和被使用。

立法法案同时包含受规制领域的术语和法律领域的术语，而后者在每一项法案中几乎都是共同存在的。

待规制场景模型的系统依赖于本体和词汇表。本体和词汇表既描述主题知识（与待规制场景相关），也描述法律知识（即纯粹的法律概念）。同样地，用户可以在被允许的情况下，使用术语和概念管理设施[①]，将其想要调整的特定领域中的新概念或者新术语添加至系统中。

三、可视化条款管理器

可视化条款管理器作为一个可视化面板，以可视化的形式

[①] 有关利用领域词汇表，自底向上构建概念字典的工具的示例，参见卡佩利（Cappelli et al., 2006）。

处理条款类型及其参数，如图6.3所示。用户在插入条款实例作为在建法案的构建块后，得以从概念的角度规划一项新法案。条款实例从相关领域的本体或同义词典中获取参数值。

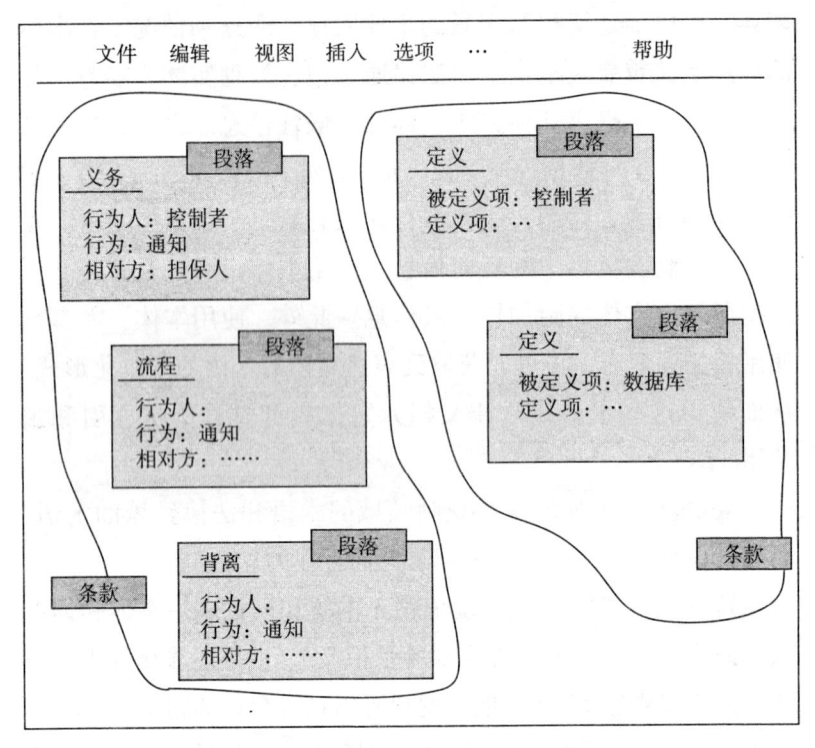

```
┌─────────────────────────────────────────────┐
│  文件   编辑   视图   插入   选项   …   帮助  │
├─────────────────────────────────────────────┤
│                                             │
│    ┌──────段落──┐      ┌──────段落──┐        │
│    │ 义务       │      │ 定义        │       │
│    │ 行为人:控制者│      │ 被定义项:控制者│     │
│    │ 行为:通知  │      │ 定义项:…    │       │
│    │ 相对方:担保人│      │              │     │
│    └───────────┘      └─────────────┘       │
│                                             │
│         ┌────段落──┐    ┌──────段落──┐      │
│         │ 流程     │    │ 定义        │     │
│         │ 行为人:  │    │ 被定义项:数据库│   │
│         │ 行为:通知│    │ 定义项:…    │     │
│         │ 相对方:…│    │              │     │
│         └─────────┘    └─────────────┘      │
│                                             │
│              ┌────段落──┐          条款      │
│              │ 背离     │                   │
│     条款     │ 行为人:  │                   │
│              │ 行为:通知│                   │
│              │ 相对方:…│                   │
│              └─────────┘                    │
└─────────────────────────────────────────────┘
```

图6.3 可视化条款管理器和条款聚合过程的结果

在此过程的最后，按照规制轮廓（条款类型）和主题轮廓（条款参数值）对新法案的功能模轮廓（functional profile）进行界定。这样就可以自描述语义组件（基本上是条款模型的实例）开始，构建新法案。

只有在第二阶段，用户通过从文本含义的角度查阅在建法案的构建块（即条款实例），才可以构建文本的最佳结构组织

第六章 立法过程技术的视角

（即形式轮廓）。一个基本假设是："段落"，即形式轮廓的基本组件，通常包括"条款"这一功能轮廓的基本组件。这一假设将允许对法律文档组织结构的同时也组织其语义。该假设目前为立法者所广泛遵循［这体现在条款类型和相应段落之间的具体关系上（Niemann et al.，1990），如图6.4所示；具体关系在不同的抽象层面将一个客体的不同表征形式连接起来］。

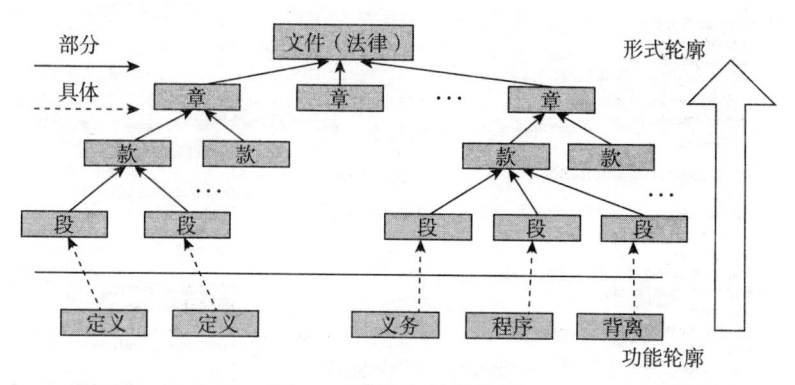

图6.4　建构文档结构树

在此阶段，可以将可视面板中引入的表征条款实例的客体，编组为语义相关的聚类。根据上文的假设，在将条款组织到语义相关的聚类时，我们将那些被视为形式轮廓的段落的相同客体，组织到表征更高一级的正式分区的聚类，即基本上形成"款"（图6.3）。这一过程可以递归重复，表征更高一级的正式分区的聚类。这些聚类被分组到代表文档形式轮廓的树状结构中（图6.4）。

用户将有可能使用一个以查询（queries）来表达分组标准的界面。这些查询的对象是条款模型结构及其当前实例的内容（条款参数内容）。由此，从立法技术规则中推导出来的预定义标准是可预见的。

在过程的最后，根据条款及其参数对叶子节点进行了语义标注的文档结构树得以生成。然后，根据特定标准（例如，意大利的"语义网规范"标准），生成新法案的可扩展标记语言骨架（XML skeleton），完成语义标注的正式分区是该骨架的组件。接着，用户在语义标注的指引下，通过每个段落的措辞，完善文档结构。如图6.5所示。

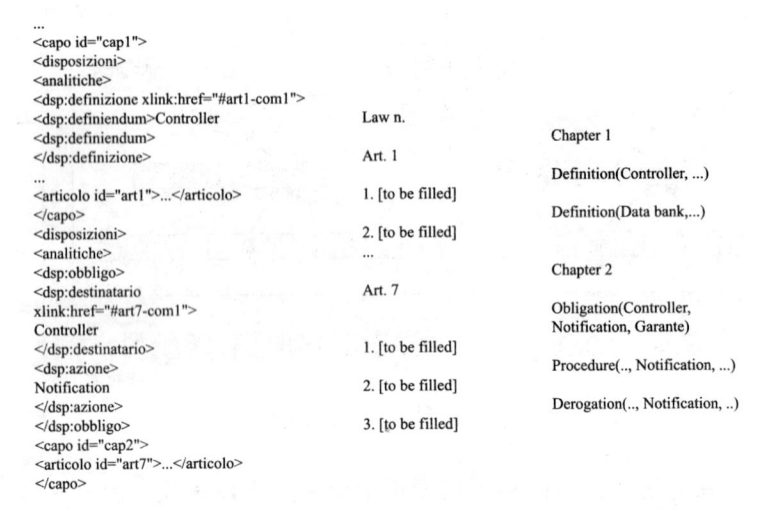

```
...
<capo id="cap1">
  <disposizioni>
  <analitiche>
  <dsp:definizione xlink:href="#art1-com1">
  <dsp:definiendum>Controller              Law n.
  <dsp:definiendum>                        
  </dsp:definizione>                       Art. 1
  ...
  <articolo id="art1">...</articolo>      1. [to be filled]
  </capo>
  <disposizioni>                           2. [to be filled]
  <analitiche>                             ...
  <dsp:obbligo>
  <dsp:destinatario                        Art. 7
  xlink:href="#art7-com1">
  Controller
  </dsp:destinatario>                      1. [to be filled]
  <dsp:azione>
  Notification                             2. [to be filled]
  </dsp:azione>
  </dsp:obbligo>                           3. [to be filled]
  <capo id="cap2">
  <articolo id="art7">...</articolo>
</capo>
```

Chapter 1

Definition(Controller, ...)

Definition(Data bank,...)

Chapter 2

Obligation(Controller, Notification, Garante)

Procedure(.., Notification, ...)

Derogation(.., Notification, ..)

图6.5　新法案的"语义网规范－可扩展标记语言"骨架以及"所见即所得"视图

如本章第三节第四部分所讨论的，下一阶段的发展目标是，在每个条款模型实例的基础上使用自然语言处理技术，实现半自动化条款措辞，同时，对条款组的含义进行自动摘要，以生成标题。

第五节　结论

本章所展示的"元起草环境"系统，旨在辅助立法起草者从概念上构建一项新法案。"元起草环境"系统的应用将翻转传统的立法起草过程,即一项法案的结构(形式轮廓)将在语义(功能轮廓)的基础上形成,进而生成结构清晰的立法文本。所谓结构清晰是指,文本所选择的形式轮廓与功能轮廓相吻合。

"元起草环境"有助于改善立法程序,尤其是完善立法起草阶段,并且提升立法文本的质量。

"规划"和"聚合"设施尤其将改善立法文本的外部质量(即语义和结构),同时,自动"生成"设施通过使用一种关键语言并且限制立法文本的歧义,将从融贯性、一致性、条款措辞质量的改进上改善立法文本的内部质量。以上举措都将改善法律专家、决策者和公民获取法律的渠道,从而促进立法过程的民主参与。

参考文献

T. Agnoloni, E. Francesconi, and P. Spinosa. xmlegeseditor: an opensource visual xml editor for supporting legal national standards. In *Proceedings of the V Legislative XML Workshop*, pages 239–251. European Press Academic Publishing, 2007.

G. Ajani, L. Lesmo, G. Boella, A. Mazzei, and P. Rossi. Multilingual conceptual dictionaries based on ontologies. In *Proceedings of the V Legislative XML Workshop*, pages 161–172. European Press Academic Publishing, 2007a.

G. Ajani, L. Lesmo, G. Boella, A. Mazzei, and P. Rossi. Terminological and ontological analysis of european directives: multilingualism in law. In *Proceedings of International Conference on Artificial Intelligence and Law*, pages 43–48. ACM, 2007b.

P. Allegrini, S. Montemagni, and V. Pirrelli. Example-based automatic induction of semantic classes through entropic scores. *Linguistica Computazionale*, 2003.

C. Apté, F.J. Damerau, and S.M. Weiss. Automated learning of decision rules for text categorization. *ACM Transactions on Information Systems*, 12(3):233–251, 1994.

T. Arnold-Moore. Automatic generation of amendment legislation. In *Proceedings of the International Conference of Artificial Intelligence and Law*, 1997.

T. Arnold-Moore, J. Clemes, and M. Tadd. Connected to the law: Tasmanian legislation using enact. Technical report, TeraText, 2002.

参考文献

R. Bartolini, A. Lenci, S. Montemagni, and V. Pirrelli. The lexicongrammar balance in robust parsing of italian. In *Proceedings of 3rd International Conference on Language Resources and Evaluation*, 2002a.

R. Bartolini, A. Lenci, S. Montemagni, and V. Pirrelli. Grammar and lexicon in the robust parsing of italian: Towards a non-naïve interplay. In *Proceedings of Coling 2002 Workshop on Grammar Engineering and Evaluation*, 2002b.

R. Bartolini, A. Lenci, S. Montemagni, and V. Pirrelli. Hybrid constrains for robust parsing: First experiments and evaluation. In *Proceedings of LREC 2004*, Lisbon, 2004a.

R. Bartolini, A. Lenci, S. Montemagni, V. Pirrelli, and C. Soria. Automatic classification and analysis of provisions in italian legal texts: a case study. In *Proceedings of the Second International Workshop on Regulatory Ontologies*, 2004b.

R. Bartolini, A. Lenci, S. Montemagni, and C. Soria. Semantic markup of legal texts through nlp-based metadata-oriented techniques. In *Proceedings of 4rd International Conference on Language Resources and Evaluation*, 2004c.

R. Bartolini, D. Giorgetti, A. Lenci, S. Montemagni, and V. Pirrelli. Automatic incremental term acquisition from domain corpora. In *Proceedings of the 7th International conference on "Terminology and Knowledge Engineering" (TKE2005)*, Nancy, France, 2005.

C. Biagioli. Ipotesi di modello descrittivo del testo legislativo per l' accesso in rete a informazioni giuridiche. *Informatica e Diritto*, 2: 90, 2000.

C. Biagioli. Definitional elements of a language for representation of statutory. *Rechtstheorie*, 11, 1991.

C. Biagioli. Law making environment. In *Proceedings of Workshop on Legal Knowledge and Legal Reasoning Systems*, Tokyo, 1992.

C. Biagioli. Towards a legal rules functional micro-ontology. In *Proceedings of workshop LEGONT '97*, 1997.

C. Biagioli and E. Francesconi. A semantics-based visual framework for planning a new bill. In *Proceedings of the Jurix Conference: Legal Knowledge and Information Systems*, pages 103–104, 2005a.

C. Biagioli and E. Francesconi. A visual framework for planning a new bill. *Quaderni CNIPA (Proceedings of the 3rd Workshop on Legislative XML)*,

(18):83–95, 2005b.

C. Biagioli and F. Turchi. Model and ontology based conceptual searching in legislative xml collections. In *Proceedings of the Workshop on Legal Ontologies and Artificial Intelligence Techniques*, pages 83–89, 2005.

C. Biagioli, E. Francesconi, P. Spinosa, and M. Taddei. The nir project: Standards and tools for legislative drafting and legal document web publication. In *Proceedings of ICAIL Workshop on e-Government: Modelling Norms and Concepts as Key Issues*, pages 69–78, 2003.

C. Biagioli, E. Francesconi, A. Passerini, S. Montemagni, and C. Soria. Automatic semantics extraction in law documents. In *Proceedings of International Conference on Artificial Intelligence and Law*, pages 133–139, 2005a.

C. Biagioli, E. Francesconi, P. Spinosa, and M. Taddei. A legal drafting environment based on formal and semantic xml standards. In *Proceedings of International Conference on Artificial Intelligence and Law*, pages 244–245, 2005b.

C. Biagioli, A. Cappelli, E. Francesconi, and F. Turchi. Law making environment: perspectives. In *Proceedings of the V Legislative XML Workshop*, pages 267–281. European Press Academic Publishing, 2007.

C.M. Bishop. *Neural networks for pattern recognition*. Oxford University Press, Oxford, 1995.

A. Boer. Note on production rules and the legal knowledge interchange format. Technical report, Leibniz Center for Law, Faculty of Law, University of Amsterdam., 2006.

A. Boer, R. Hoekstra, and R. Winkels. Metalex: Legislation in xml. In *Proceedings of the Jurix Conference: Legal Knowledge and Information System*, pages 1–10, 2002.

A. Boer, T. van Engers, and R. Winkels. Using ontologies for comparing and harmonizing legislation. In P*roceedings of the International Conference on Artificial Intelligence and Law, Edinburgh (UK)*, pages 161–172. ACM Press, 2003a.

A. Boer, R. Winkels, R. Hoekstra, and T.M. van Engers. Knowledge management for legislative drafting in an international setting. In *Proceedings of the Jurix Conference: Legal Knowledge and Information System*, pages 91–100, 2003b.

参考文献

A. Boer, T. van Engers, and R. Winkels. Mixing legal and nonlegal norms. In M.F. Moens and P. Spyns, editors, *Proceedings of the Jurix Conference: Legal Knowledge and Information Systems*, pages 25-36. IOS Press, 2005.

A. Boer, F. Vitali, and E. de Maat. Draft cen workshop agreement 'open xml interchange format for legal and legislative resources' (metalex xml). Technical report, CEN/ISSS Workshop Metalex, 2006a. http://www.metalex.eu/information/cen-workshop/.

A. Boer, F. Vitali, and E. de Maat. Cen workshop agreement on metalex xml. Technical Report N018, CEN/ISSS - European Committee for Standardization, December 2006b.

A. Boer, T.F. Gordon, K. van den Berg, M. Di Bello, A. Förhécz, and R. Vas. Specification of the legal knowledge interchange format. ESTRELLA Deliverable 1.1, 2007a.

A. Boer, R. Winkels, and F. Vitali. Metalex xml and the legal knowledge interchange format. In *Computable Models of the Law. Languages, Dialogues, Games, Ontologies*. Springer, 2007b. Lecture Notes in Computer Science, 4884, Heidelberg-Berlin: Springer Verlag,

Berlin. J. Breuker and R. Hoekstra. Core concepts of law: taking commonsense seriously. In *Proceedings of Formal Ontologies in Information Systems*, 2004a.

J. Breuker and R. Hoekstra. Epistemology and ontology in core ontologies: Folaw and lricore, two core ontologies for law. In *Proceedings of EKAW Workshop on Core ontologies*. CEUR 2004., 2004b.

J. Breuker and R. Hoekstra. Core concepts of law: taking commonsense seriously. In A. Varzi and L. Vieu, editors, *Proceedings of Formal Ontologies in Information Systems (FOIS-2004)*, pages 210-221. IOS-Press, 2004c.

J. Breuker, A. Boer, R. Hoekstra, and K. van den Berg. Developing content for lkif: Ontologies and frameworks for legal reasoning. In T. M. van Engers, editor, *Proceedings of the Jurix Conference, Legal Knowledge and Information Systems*, volume 152 of Frontiers in Artificial Intelligence and Applications, 2006.

J. Breuker, R. Hoekstra, A. Boer, K. van den Berg, R. Rubino, G. Sartor, M. Palmirani, A. Wyner, and T. Bench-Capon. Wl ontology of basic legal concepts (lkif-core). ESTRELLA Deliverable 1.4, European Commission, 2007.

C. Buckley and G. Salton. Term-weighting approaches in automatic text retrieval. *Information Processing and Management*, 24(5):513-523, 1988.

C. Burges. A tutorial on support vector machines for pattern recognition. In *Data Mining and Knowledge Discovery*. Kluwer Academic Publishers, Boston, 1998. (Volume 2).

A. Cappelli, V. Bartalesi Lenzi, R. Sprugnoli, and C. Biagioli. Modelization of domain concepts extracted from the italian privacy legislation. In *Proceedings of the Workshop IWCS-7*, 2006. Tilburg.

P. Casanovas, N. Casellas, J.J. Vallbé, M. Poblet, R. Benjamins, M. Blazquez, R. Pena, and J. Contreras. Semantic web: a legal case study. In R. Studer J. Davies and P. Warren, editors, *Semantic Web Technologies*. Wiley, 2006.

P. Cimiano. Ontology learning and population from text. In *Algorithms, Evaluation and Applications*. Springer Verlag, 2006.

C. Cortes and V.N. Vapnik. Support vector networks. *Machine Learning*, 20:1-25, 1995.

Cospa-consortium for open source in public administration. Technical report, 2006. http://www.cospa-project.org.

K. Crammer and Y. Singer. On the algorithmic implementation of multiclass kernel-based vector machines. *Journal on Machine Learning Research*, 2:265-292, 2002.

H. Cunningham, D. Maynard, K. Bontcheva, and V. Tablan. Gate: A framework and graphical development environment for robust nlp tools and applications. In *Proceedings of the 40th Anniversary Meeting of the Association for Computational Linguistics (ACL'02)*, 2002.

J. Delgado, I. Gallego, S. Llorente, and R. Garcia. Ipronto: An ontology for digital rights management. In *Proceedings of the Jurix Conference*, pages 111-120. IOS Press, 2003.

F. Dell' Orletta, A. Lenci, S. Marchi, S. Montemagni, and V. Pirrelli. Text-2-knowledge: una piattaforma linguistico-computazionale per l'estrazione di conoscenza da testi. In *Proceedings of the SLI-2006 Conference, Vercelli*, pages 20-28, 2006.

S. Dumais, J. Platt, D. Heckerman, and M. Sahami. Inductive learning algorithms and representations for text categorization. In *CIKM'98: Proceedings of the seventh international conference on Information and knowledge management*, pages 148-155, 1998. ISBN 1-58113-061-9.

T. Dunning. Accurate methods for the statistics of surprise and coincidence. *Computational Linguistics*, 19(1), 1993.

Dutch Government. *Aanwijzingen voor de regelgeving (Directives for regulations), regulations for legislative drafting*, Stcrt, November 26 1992. issued by the Prime-Minister.

European Commission. Updating and simplifying the community acqui. Technical Report COM(2003)(71 final), European Commission, 2003. Communication from the Commission.

E. Francesconi. The "norme in rete" - project: Standards and tools for italian legislation. *International Journal of Legal Information*, 34(2):358-376, 2006.

E. Francesconi and A. Passerini. Automatic classification of provisions in legislative texts. *International Journal on Artificial Intelligence and Law*, 15(1):1-17, 2007.

A. Gangemi. Design patterns for legal ontology construction. In D. Bourcier F. Galindo P. Casanovas, P. Noriega, editor, *Trends in Legal Knowledge. The Semantic Web and the Regulation of Electronic Social Systems*, pages 171-191. European Press Academic Publishing, 2007.

A. Gangemi, N. Guarino, C. Masolo, A. Oltramari, and L. Schneider. Sweetening ontologies with dolce. In C. Masolo A. Oltramari L. Schneider A. Gangemi, N. Guarino, editor, *Proceedings of the 13th International Conference on Knowledge Engineering and Knowledge Management (EKAW02)*, volume 2473 of Lecture Notes in Computer Science, 2002.

A. Gangemi, M. T. Sagri, and D. Tiscornia. Jur-wordnet, a source of metadata for content description in legal information. In *Proceedings of the ICAIL Workshop on Legal Ontologies & Web based legal information management*, 2003.

A. Gangemi, M.T. Sagri, and D. Tiscornia. A constructive framework for legal ontologies. In J. Breuker A. Gangemi R. Benjamins, P. Casanovas, editor, *Law and the Semantic Web*. Springer, Berlin, 2004.

A. Gangemi, M.T. Sagri, and D. Tiscornia. A constructive framework for legal ontologies. In Benjamins, Casanovas, Breuker, and Gangemi, editors, *Law and the Semantic Web*. Springer Verlag,

2005.

T.R. Gruber. A translation approach to portable ontology specifications. *Knowledge Acquisition*, 5(2):199-220, 1993.

M. Grüninger and M. S. Fox. Methodology for the design and evaluation of ontologies. In *Proceedings of the Workshop on Basic Ontological Issues in Knowledge Sharing*, 1995.

M. Hearst. Automatic acquisition of hyponyms from large text corpora. In *Proceedings of the Fourteenth International Conference on Computational Linguistics*. Nantes, France.

R. Hoekstra, J. Breuker, M. Di Bello, and A. Boer. The lkif core ontology of basic legal concepts. In P. Casanovas, M.A. Biasiotti, E. Francesconi, and M.T. Sagri, editors, *Proceedings of the Workshop on Legal Ontologies and Artificial Intelligence Techniques*, pages 43-63, 2007. ISSN 1613-0073, CEUR Workshop Proceedings, ISSN 1613-0073, online http://CEUR-WS.org/Vol-321.

S. Horitsu. http://www.shugiin.go.jp/index.nsf/html/index_housei.htm. The House of Representatives.

C.-W. Hsu and C.-J. Lin. A comparison of methods for multi-class support vector machines. *IEEE Transactions on Neural Networks*, 13(2):415-425, 2002.

IFLA Study group on. Functional requirements for bibliographic records. Technical report, International Federation of Library Associations and Institutions, 1998. http://www.ifla.org/VII/s13/frbr/frbr.pdf.

F.V. Jensen. *Introduction to Bayesian Networks*. Springer-Verlag, New York, 1996.

T. Joachims. A probabilistic analysis of the rocchio algorithm with tfidf for text categorization. In *Proceedings of the Fourteenth International Conference on Machine Learning*, pages 143-151. Morgan Kaufmann Publishers Inc., San Francisco, US, 1997.

S.C. Johnson. Yacc - yet another compiler compiler. Technical Report CSTR 32, Bell Laboratories, Murray Hill, N.J., 1975.

K. Kerremans and R. Temmerman. Towards multilingual, termontological support in ontology engineering. In *Proceeding of Termino 2004, Workshop on Terminology*, 2004.

O.A. Khaled, H. Chabbi, and M. Ramalho. *ÉTUDE URN*, July 2004. University of

参考文献

Applied Sciences of Western Switzerland, EIA-FR.

F. Lachmayer and H. Hoffmann. From legal categories towards legal ontologies. In *Proceedings of the International Workshop on Legal Ontologies and Artificial Intelligence Techniques*, pages 63–69, 2005.

G. Lame. Using nlp techniques to identify legal ontology components: concepts and relations. Lecture Notes in Computer Science, 3369: 169–184, 2005.

Y. Lee, Y. Lin, and G. Wahba. Multicategory support vector machines. Technical Report 1043, Dept. of Statistics, University of Wisconsin, 2001.

M.E. Lesk. Lex - a lexical analyzer generator. Technical Report CSTR 39, Bell Laboritories, Murray Hill, N.J., 1975.

D.D. Lewis. An evaluation of phrasal and clustered representations on a text categorization task. In *Proceedings of ACM International Conference on Research and Development in Information Retrieval*, pages 37–50, 1992.

M. Maeda. *Workbook Hosei Shitsumu*. 2003. (revised ed.), Gyosei, Tokyo.

C. Masolo, A. Gangemi, N. Guarino, A. Oltramari, and L. Schneider. Wonderweb deliverable d18: The wonderweb library of foundational ontologies. Technical report, 2004a.

C. Masolo, L. Vieu, E. Bottazzi, C. Catenacci, R. Ferrario, A. Gangemi, and N. Guarino. Social roles and their descriptions. In C. Welty, editor, *Proceedings of the Ninth International Conference on the Principles of Knowledge Representation and Reasoning*. Whistler, 2004b.

T. McCarty. A language for legal discourse i. basic structures. In *Proceedings of the Second International Conference on AI and Law*, pages 180–189. Acm, 1989. Vancouver.

J. McClure. Legal-rdf vocabularies, requirements & design rationale. In *Proceedings of the V Legislative XML Workshop*, pages 149–159, 2007.

F. Megale and F. Vitali. I dtd dei documenti di norme in rete. *Informatica e Diritto*, 1:167–231, 2001.

Mandelkern group on better regulation. final report. Technical report, European Commission, 13 November 2001.

R. Moats and K.R. Sollins. Urn syntax. Technical Report RFC 2141, Internet Engineering Task Force (IETF), 1997.

L. Mommers and W.J.M Voermans. Using legal definitions to increase the accessibility of legal documents. In *Proceedings of the Jurix Conference*, pages 147-156, 2005.

A.Y. Ng and M.I. Jordan. On discriminative vs. generative classifiers: A comparison of logistic regression and naive bayes. In T.G. Dietterich, S. Becker, and Z. Ghahramani, editors, *Advances in Neural Information Processing Systems 14*, Cambridge, MA, 2002. MIT Press.

H. Niemann, G.F. Sagerer, S. Schröder, and F. Kummert. Ernest: A semantic network system for pattern understanding. *IEEE Transactions on Pattern Analysis and Machine Intelligence*, 12(9):883-905, 1990.

J. Niles and A. Pease. Towards a standard upper ontology. In *Proceedings of the 2nd International Conference on Formal Ontology in Information Systems*, pages 2-9, 2001.

Y. Ogawa, S. Inagaki, and K. Toyama. Automatic consolidation of japanese statutes based on formalization of amendment sentences. In *Proceedings of the First International Workshop on Jurisinformatics*, 2007.

M. Palmirani. Time model in normative information system. In *Postproceedings of the ICAIL Workshop on the Role of Legal Knowledge in e-Government*, 2005.

M. Palmirani and F. Brighi. Norma-system: A legal information system for managing time. In *Proceedings of the V Legislative XML Workshop*, pages 205-223. European Press Academic Publishing, 2006.

M. Palmirani, G. Sartor, A. Boer, E. de Maat, and E. Francesconi F. Vitali. Guidelines for applying the new format. ESTRELLA Deliverable 3.2, European Commission, 2007.

A. Passerini. Kernel Methods, *Multiclass Classification and Applications to Computational Molecular Biology*. Ph.d thesis, Università di Firenze, Italy, 2004.

J.R. Quinlan. Inductive learning of decision trees. *Machine Learning*, 1:81-106, 1986.

L.R. Rabiner. A tutorial on hidden markov models and selected applications in speech recognition. *Proceedings of the IEEE*, 77(2): 81-106, 1989.

J. Raz. *Il Concetto di Sistema Giuridico*. Il Mulino, Bologna, 1977.

R. Rubino, A. Rotolo, and G. Sartor. An owl ontology of fundamental legal concepts. In T.M. van Engers, editor, *Proceedings of the Jurix Conference:*

参考文献

Legal Knowledge and Information Systems, volume 152 of *Frontiers of Artificial Intelligence and Applications*. IOS Press, 2006.

J. Sais and P. Quaresma. A methodology to create legal ontologies in a logic programming based web information retrieval system. *Lecture Notes in Computer Science*, 3369:185–200, 2005.

A. Saqib. Xml: Wysiwyg to wysiwym a brief look at xml document authoring. *Free Software Magazine*, (Issue 3), April 2005. http://www.freesoftwaremagazine.com/articles/practical_applications_xml.

G. Sartor. Fundamental legal concepts: A formal and teleological characterisation. Technical report, European University Institute, Florence / Cirsfid, University of Bologna, 2006.

B. Schölkopf and A.J. Smola. *Learning with Kernels*. The MIT Press, Cambridge, MA, 2002.

F. Sclano and P. Velardi. Termextractor: a web application to learn the shared terminology of emergent web communities. In *Proceedings of the 3rd International Conference on Interoperability for Enterprise Software and Applications (I-ESA 2007)*, 2007.

F. Sebastiani. Machine learning in automated text categorization. *ACM Computing Surveys*, 34(1):1–47, 2002. URL http://faure.iei.pi.cnr.it/~fabrizio/Publications/ACMCS02.pdf.

J. Shawe-Taylor and N. Cristianini. *Kernel Methods for Pattern Analysis*. Cambridge University Press, Cambridge, UK, 2004.

J.F. Sowa. *Knowledge representation: logical, philosophical and computational foundations*. Brooks/Cole Publishing Co., Pacific Grove, CA, USA, 2000.

P. Spinosa. Identification of legal documents through urns (uniform resource names). In *Proceedings of the EuroWeb 2001, The Web in Public Administration*, 2001.

Sun Microsystems. Free and open source licensing white paper. Technical report, 2006. http://www.sun.com/software/opensource/whitepapers/free_open_licensing.pdf.

D. Tiscornia and M.T. Sagri. Ontology-based models of legal knowledge. In *Conceptual Modeling for Advanced Application Domains*, volume 3289. Springer Berlin / Heidelberg, 2004. ISSN 0302-9743 (Print) 1611-3349

(Online).

H. Tucker. *LexDania - Documentation. XML and XSL Best Practices for Writing Schemas.*, May 2004a.

H. Tucker. *LexDania - Documentation. Guidelines for Writing Omniand DocType and Application Schemas*, July 2004b.

H. Tucker. *LexDania - Documentation. Introduction to Concepts and Status of XML Linking.*, March 2004c.

H. Tucker. *LexDania - Documentation. Metadata*, June 2004d.

H. Tucker. *LexDania Documentation. Universal addresses.*, April 2004e.

H. Tucker. *Lex Dania - White Paper. A System of XML Schemas for Danish Legislative Documentation*, July 2004f.

A. Valente and J. Breuker. *A Functional Ontology of Law*. C. Ciampi, F. Socci Natali, G. Taddei Elmi (eds), Verso un sistema esperto giuridico integrale, CEDAM, 1997.

S. van de Ven, R. Hoekstra, R. Winkels, E. de Maat, and A. Kollar. Metavex: Regulation drafting meets the semantic web. In *Computable Models of the Law*. Languages, Dialogues, Games, Ontologies. Springer, 2007. Lecture Notes in Computer Science, 4884,

Heidelberg-Berlin: Springer Verlag, Berlin.

S. van der Ven. Requirements drafter environment. SEAL Deliverable 2.1, Leibniz Center for Law, University of Amsterdam, 2007.

R. W. van Kralingen. *Frame-based Conceptual Models of Statute Law*. Kluwer Law International, 1997.

V. N. Vapnik. *Statistical Learning Theory*. Wiley, New York, 1998.

A. J. Viterbi. Error bounds for convolutional codes and an asymptotically optimal decoding algorithm. *IEEE Transactions on Information Theory*, IT-13:260–269, 1967.

S. Walter and M. Pinkal. Automatic extraction of definitions from German court decisions. In *Proceedings of the COLING-2006 Workshop on Information Extraction Beyond The Document, Sidney*, pages 20–28, 2006.

J. Weston and C. Watkins. Multi-class support vector machines. Technical Report CSD-TR-98-04, Royal Holloway, University of London, Department of Computer Science, 1998.

参考文献

Y. Yang and J.O. Pedersen. A comparative study on feature selection in text categorization. In *Proceedings of the Fourteenth International Conference on Machine Learning*, pages 412-420. Morgan Kaufmann Publishers Inc., 1997.

索引*

（所列页码为英文原书页码，请参照本书边码）

Apache Software Foundation，阿帕奇软件基金会，80
alignment of concepts，概念对齐，131
amendment clauses，修订条款，58-59
analytical metadata，分析性元数据，30-31, 73, 83, 89-90
antonym，反义词（关系），117
argument (s)，参数，30-33, 69, 73, 83, 89, 101-102, 104-106, 147, 149-150, 152-154, 156
argumentation scheme，论辩型式，110
association strength，关联强度，124
Bayesian classifiers，贝叶斯分类器，94

binary classification，二分类，94, 96
bottom-up，自底向上，33, 72, 73, 82, 89
building blocks，构建块，40, 154-155
CEN/MetaLex，欧洲标准化委员会/元数据法律，13-14, 17
Chief Parliamentary Counsel，国会总法律顾问，64
CHLexML，表征瑞士法律文本的数据标准，37, 40-41, 46
chunk，组块，103, 124
chunking，组块分析，104, 123
citation (s)，引文，34, 57, 69, 70, 129
classification algorithm，分类算法，94
Clusters，聚类，110-111, 123, 126-

---

* 索引为译者制作。

索引

127, 155-156
complex term，复合术语，123-124
conceptual misalignment，概念偏差，113
confidence margin，置信边际，97-98
confidence，置信度，97-98
confusion matrix，混淆矩阵，100-101
consolidated electronic texts，电子文本汇编，41
constitutive rules，构成性规则，32
content amendments，内容修正，32
content analysis，内容分析，103
core ontology，核心本体，109-110
Corel，科亿尔数码科技，60
cost function，代价函数，96
Court Filing Workgroup，法院归档工作组，43
Court of Cassation，意大利最高法院，23-24
cross-reference (s)，交叉参照，24, 27, 34, 63, 68, 69, 76, 82, 84
data repository，数据存储库，85, 87
decision trees，决策树，94
Delta-V protocol，万维网版本管理和配置管理协议，143
dependency，依存（关系），104-105, 123
Diet，国会，58
disambiguation，歧义消解，123
DNS resolution system，域名解析机制，27

Document Object Model，文档对象模型，78
DocumentManager，文档管理器，78-79
domain knowledge，领域知识，118
dot product，点积，96
Dublin Core，都柏林核心，44, 65
Dutch Guidelines for Legal Drafting (1992)，荷兰法律起草指南（1992年版），87
Dutch Tax and Customs Administration，荷兰税务和海关管理局，38
EnAct，颁布计划，62, 64
entropy，熵，93, 127
European Directive，欧盟指令，47
expression，内容表达，46-47
extension amendments，外延修正，32
extensional realizations，外延性实现，131
false positive，假正类，124
feature selection，特征选择，93, 99-100
focused panes，焦点窗格，76
Folketinget，丹麦议会，39
formal organization strategy，形式组织策略，83
formal profile，形式轮廓，20, 24, 30-31, 41-43, 69, 83, 89, 147, 155-157
functional organization strategy，功能组织策略，83
functional Profile，功能轮廓，24, 31,

69, 82-83, 89, 146-148, 154-155, 157
fuzzynymy，模糊义关系，116, 137
groupware facilities，群件设施，87
Hammurabi Code，汉谟拉比法典，13
headword，词头，124-126
HTML，超文本标记语言，27, 63, 70, 75, 77, 79, 84, 87
hyperonymy，上位词关系，116, 119
hyper-parameter，超参数，97
hyponymy，下位词关系，116-117, 119, 126, 136
i18n，（可扩展标记语言立法编辑器的）多语种支持组件，79
implement，实施、实现，67-68, 72, 74, 77, 119, 123, 127, 139
inference engine，推理引擎，109
Information Extraction，信息抽取，104
information retrieval，信息检索，10, 120, 129
information theory，信息论，93
inline elements，行内元素，39, 51
intensional specifications，内涵性指引，131-132
interchangeability，互换性，49, 108
intermediate representation，中间表示，103
Interoperability，互联互通/互通性，8, 11, 12, 16, 21, 23, 56-57, 75, 108-109, 113, 145, 152
Item，单件，46-47

Kernel Methods，核方法，95
knowledge architecture，知识架构，118, 120, 131
laplace smoother，拉普拉斯平滑处理，95
legal lexicon，法律词库，113
legal sources，法律文本资源，7-8, 13-14, 38, 84, 86, 108
Legal-RDF，法律资源描述框架，61-62
LegalXML，法律可扩展标记语言，43-44
Legislative corpora，法律规范的总体，15
Leibniz Center for Law of the University of Amsterdam，荷兰阿姆斯特丹大学莱布尼茨法律中心，21, 85, 107
lemma，词目，124
lemmatize，形态还原，103
LexDania，莱克斯达尼亚，37, 39, 46, 55, 69
lexical analyzer，词法分析器，69
lexical manifestation，词汇表现，119-120, 131, 134, 138
lexical unit，词汇单元，138
log-likelihood ratio，对数似然比，124
Manifestation，载体表现，46-47
mereology，分体，111
meronymy，部分关系，117, 119
Metadata，元数据，62, 65, 73, 82-86, 89-90, 146-150, 153

索 引

Meta-Drafting environment，元起草环境，146-149, 152-153, 155, 157
meta-drafting，元起草，146-147
Metalex/CEN，欧洲标准化委员会/元数据法律，15, 17, 37, 46-50, 55, 108, 141, 144
MetaVex Editor，"元数据法律"法规起草环境编辑器，85-86, 141
Model of Provisions，条款模型，73, 146, 152
morphological root，形态词根，91
multiclass classification，多分类，96, 98
Multiclass Support Vector Machines，多类支持向量机，91, 98
multilingual，多语种的，40, 113-115, 118-120, 134, 136, 139
Naïve Bayes，朴素贝叶斯，91, 94, 99
near-synonym，近义词（关系），117
neural networks，神经网络，94
NIREditor，"语义网规范"编辑器，24, 75-76, 81-82
NLP，自然语言处理，73, 102, 121-122, 139, 156
non asymptotic behaviours，非渐进行为，94
Norma-Editor，规范性文件起草编辑器，84-85, 141
normalize/normalisation，归一化，41, 103, 137, 140, 153

Norma-Server，规范性文件起草服务器，84
Norma-System，意大利规范性法律文件管理系统，84
Norms，规范，14, 16-17, 20, 30, 32-33, 35, 40-41, 118, 131-132, 140
Ontology (ies)，本体，10, 56, 62, 110-111, 115-117, 131, 148, 153-154
overfitting，过拟合，93
parallel alignment，并行比对，115
parser，解析器，63, 68-70, 82
part of speech tagging，词性标注，129
partition，分区，31, 34, 71, 83, 149, 151
posterior probability，后验概率，94-95
priori validation，先定（有效性）验证，76-77
proprietary format，专有格式，74
provision types，条款类型，31-32, 72, 83, 89, 98, 101, 132, 150, 154
queries，查询，63, 83, 150, 156
reference (s)，参照，12, 30, 34, 69, 70, 116, 127, 130, 137
regular expression，正则表达式，59, 105
regularization，正则化，97
regulative profile，调整性轮廓，31
regulative rules，调整性规则，33
requirements-phase，需求阶段，111
resolution system，解析机制，28

Retsinformation，丹麦司法部，39
RULE-XML，规则-可扩展标记语言，10
sentence splitting，句子分割，129
separating hyperplane，分离超平面，96
single term，单一术语，125
software architecture，软件体系结构，76，78，152
specification，规约，23，43，46，105，109，119
specificities and variants，具体特征和变体，48
speech act，言语行为，30
square norm，二范数，97
stemming，词干提取，91，100
stop-word，停用词，123
Strengthening Parliaments' Information Systems in Africa，加强非洲议会信息系统，55
stub or substantive Bill，存根或实质性法案，64
syntactical analyzer，语法分析器，70
technical notations，技术符号，86
temporal amendments，时态修正，32
termhood，术语度，127，129
terminological axiom，术语公理，109
text mining，文本挖掘，129
thematic profile，主题性轮廓，31
thematic role，论旨角色，117

thesaurus/thesauri，叙词表，115，148，153-154
timeshare，时权，113
token，记号，70
tokenize，分词，103
top-down，自顶向下，33，82
Uniform Resource Names (URNs)，统一资源名称，25，27-28，68-69
upper ontology，上位本体，111
URN syntax，统一资源名称语法，26-28
Ur-Nammu，乌尔纳姆，13
validation，（有效性）验证，75-77，79，82
vendor lock-in，厂商锁定，80，109
Visual Provision Manager，可视化条款管理器，152，154
Viterbi Algorithm，维特比算法，72
W3C recommendations，万维网联盟推荐标准，20
Web Service，万维网服务，84
WebDAV protocol，基于万维网的分布式创作和版本管理协议，143
well-formed，良构性，76，87
Wiener Zeitung 奥地利国家印刷局（《维也纳日报》），42
word token，单词记号，124
work，作品，46-47
workflow，工作流，64，67，87，141，144
WYSIWYG，所见即所得，61，86，156
XHTML，可扩展超文本标记语言，

索 引

39, 48
Xlink，可扩展链接语言，39
XML Base，用于以可扩展标示语言编写数据库的规范，39
XML skeleton，可扩展标记语言骨架，156
xmLegesClassfier，可扩展标记语言法律分类器，68，72-73，83，89-91，102，106
xmLegesCore，可扩展标记语言法律编辑器核心层，77-80
xmLegesEditor，可扩展标记语言立法编辑器，24，74-78，80-82，134-135，137-144
xmLegesExtractor，可扩展标记语言法律提取器，69，73，83，89，101-102，104，106
xmLegesLinker，可扩展标记语言法律链接器，68-69，82
xmLegesMarker，可扩展标记语言法律标记器，68，70
xmLegesNIR，可扩展标记语言法律编辑器"语义网规范"标准，79
XML-NIR，语义网规范 – 可扩展标记语言，28-31，34，68-70，74，89-90，156
XMLSchema，可扩展标记语言模式，45，49，61，67，78，87
XSD，XML Schema Definition，可扩展标记语言模式定义，54-55
XSL，可扩展样式语言，39

缩略语表[*]

AGLS，Australian Government Locator Service，《澳大利亚政府定位服务元数据标准》

AI，Artificial Intelligence，人工智能

AIPA，Authority for Information Technology in Public Administration，意大利公共行政信息技术局

Akoma Ntoso，Architecture for Knowledge-Oriented Management of African Normative Texts using Open Standards and Ontologies，使用开放标准和本体的非洲规范性文本的知识管理体系架构，音译"阿科玛恩托索"

Be Value，Belgian Public Centers for Welfare，比利时公共福利中心

BWB，Basiswettenbestand，荷兰基本法数据库

CDD，Change Description Document，更改描述文档

CEN，European Committee for Standardization，欧洲标准化委员会

CIRSFID，Interdepartmental Centre for Research in the History, Philosophy, and Sociology of Law and in Computer Science and Law，意大利博洛尼亚大学"法律的历史学、哲学和社会学以及计算机科学与法学"跨学科研究中心

CLO，Core Legal Ontology，核心法律本体

CLS，Community Legal Service，社区法律服务

---

[*] 本表为译者制作。

缩略语表

CNIPA，National Centre for Information Technology in Public Administration，意大利国家公共行政信息技术中心

CWA，A CEN Workshop Agreement，欧洲标准化委员会工作坊协议

DALOS，Drafting Legislation with Ontology-based Support，本体技术支持下的立法起草，音译"达洛斯"

Delta-V，Web Versioning and Configuration Management，万维网版本管理和配置管理

DL，Description Logic，描述逻辑

DnS ontology，"Descriptions and Situations" ontology，"描述与情境"本体

DNS，Domain Name System，域名系统

DOLCE，Descriptive Ontology for Linguistic and Cognitive Engineering，语言与认知工程描述本体

DTD，document type definition，文档类型定义

DTD-NIR，Document Type Definition Norme In Rete，语义网规范文档类型定义

EBNF，Extended Backus-Naur Form，扩展巴科斯范式

eLaw，e-Recht/ Electronic Law，电子法律

ESTRELLA，European project for Standardized Transparent Representations in order to Extend Legal Accessibility，面向扩展法律可获取性的标准化透明表示的欧盟项目，音译"埃斯特莱拉"

EU，European Union，欧盟

EUROVOC，European Union Vocabulries，欧盟词库

FORMEX，Formalized Exchange of Electronic Publications，电子出版物形式交换

FRBR，Functional Requirements for Bibliographic Records，书目记录的功能需求

GATE，General Architecture for Text Engineering，"文本工程通用体系结构"自然语言处理工具

GML，Geography Markup Language，地理标记语言

GPO，Government Printing Office，政府印刷局

HMM，Hidden Markov Model，隐马尔可夫模型

HOLC，the US House of Representatives, Office of the Legislative Counsel，美国国会众议院的立法起草服务

Horitsu，Horei Data Teikyo System，帝京《法律适用通则法》数据系统
HTML，Hypertext Markup Language，超文本标记语言
IAAIL，International Association for Artificial Intelligence and Law，国际人工智能与法律协会
IATE，Interactive Terminology for Europe，欧洲交互术语库
ICAIL，International Conference on Artificial Intelligence and Law，国际人工智能与法律会议
ICT，Information And Communication Technology，信息和通信技术
IDG，Institute for Legal Documentation，法律文献学研究所
IETF，Internet Engineering Task Force，因特网工程任务组
IFLA，International Federation of Library Associations and Institutions，国际图书馆协会和机构联合会（国际图联）
IGSG，Institute of Legal Informatics and Judicial Systems，法律信息学与司法系统研究所
ILC-CNR，Institute of Computational Linguistics, Italian National Research Council，意大利国家研究委员会计算语言学研究所
ILI，Inter-Lingual-Index，语际索引
ITTIG-CNR，The Institute of Legal Information Theory and Techniques of the Italian National Research Council，意大利国家研究委员会法律信息理论与技术研究所
JSMS，Justice Sector Metadata Scheme，司法部门元数据计划
KOS，Knowledge Organized System，知识组织系统
LAMS，Legal and Advice Sectors Metadata Scheme，法律和咨询部门元数据计划
LE，Language Engineering，语言工程
LKBS，Legal Knowledge Based System，法律知识系统
LKIF，Legal Knowledge Interchange Format，法律知识交换格式
LLD，Language for Legal Discourse，法律语篇语言
LOIS，Legal Ontologies for Knowledge Sharing，面向知识分享的法律本体
loo，leave-one-out，留一法
MSVM，Multiclass Support Vector Machines，多类支持向量机
NFA，non-deterministic finite-state automaton，不确定的有穷状态自动机
NIR-DTD，Norme In Rete Document Type Definition，语义网规范－文档类型

定义

NLP, Natural Language Processing, 自然语言处理
NormeInRete, Norms in the Semantic Web, "语义网规范"项目
N-to-N mapping, multilingual term mapping, 多语种术语映射
OIO, General Danish Public Information Online, 丹麦公共信息在线
OPC, object linking and embedding for process control, 对象链接和嵌入过程控制
OPOCE, Office for Official Publication of the European Communities, 欧洲共同体官方出版署
OWL, Web Ontology Language, 网络本体语言
OWL-DL, Web Ontology Language-Description Logic, 网络本体语言-描述逻辑
PAT, Printing Authority of Tasmania, 塔斯马尼亚印刷管理局
PIS, Parliamentary Information System, 议会信息系统
POS-tagging, Part of Speech tagging, 词性标注
RDBMS, relational database management system, 关系数据库管理系统
RDF, Resource Description Framework, 资源描述框架
RDS, Resolver Discovery Service, 解析器发现服务
REST-based API, Representational State Transfer-based Application Program Interface, 基于"描述性状态迁移"的应用程序接口
RSS-feed, Really Simple Syndication feed, 简易信息整合订阅
RTF, Rich Text Format, 富文本格式
SIM, Structured Information Manager, 结构化信息管理器
SUMO, Suggested Upper Merged Ontology, 推荐上位融合本体
SVM, Support Vector Machines, 支持向量机
T2K, Text-to-Knowledge, "文本到知识"自然语言处理工具
TF/IDF, Term Frequency Inverse Document Frequency, 词频逆向文档频率
UKMF, UK Metadata Framework, 英国元数据框架
UN/DESA, United Nations Department for Economic and Social Affairs, 联合国经济和社会事务部
URI, Uniform Resource Identifier, 统一资源标识符
URL, Uniform Resource Locator, 统一资源定位符
URN, Uniform Resource Name, 统一资源名称

URN-NIR standard，Uniform Resource Name Norme In Rete standard，语义网规范-统一资源名称标准

W3C，The World Wide Web Consortium，万维网联盟

Web，World Wide Web，万维网

WebDAV，Web-based Distributed Authoring and Versioning，基于万维网的分布式创作和版本管理

WYSIWIG, What You See Is What You Get，所见即所得

WYSIWYM，What You See Is What You Mean，所见即所意

XML，Extensive Markup Language，可扩展标记语言

XML-NIR standard，Extensible Markup Language Norme In Rete standard，语义网规范-可扩展标记语言标准

XOR，Exclusive "or"，异或

XSL，Extensible Stylesheet Language，可扩展样式表语言

XSLT，Extensible Stylesheet Language Transformation，可扩展样式表转换语言

附录：法律人工智能的寒冬、盛夏与夏日畅想[*]

恩里科·弗朗西斯科尼

一、导言

我非常高兴，也十分荣幸能在今年的国际人工智能与法律会议（ICAIL）上发表主席演讲。首先我想说，在2020—2021年度以主席身份为国际人工智能与法律协会（IAAIL）服务，对我来说是一次非常愉快的经历。借助这一次演讲的机会，我很乐意从我个人的视角，依照人工智能研究的不同季节，回顾国际人工智能与法律会议的历程，并展望法律人工智能未来的发展可能。

21世纪初，我有幸成为国际人工智能与法律协会以及国际人工智能与法律会议众多参加者的一员。当时，法律人工智

---

[*] 本文为作者在第18届国际人工智能与法律会议上所作主席致辞。Francesconi, E. The Winter, the Summer and the Summer Dream of Artificial Intelligence in Law. *Artificial Intelligence and Law* 30, 147-161 (2022).

能先驱研究者已经为这门学科打下了基础,新一代研究者也在不断地加入。也正是在这个阶段,万维网的革命达到了一定的成熟度。我想指出,这一场革命蕴藏着法律人工智能领域的"奇点"(singularity),其代表则是语义网(Semantic Web)的发展。

毋庸置疑,诸如语义网、万维网3.0、链接开放数据(Linked Open Data)、智慧数据(Smart Data)、本体、机器学习、自然语言处理,甚至包括人工智能等关键词,不仅是信息技术领域感兴趣的概念,实际上也为法律界定了一个特定的研究领域。

在这个特殊的领域,明尼苏达州最高法院的李·洛文杰(Lee Loevinger)法官首次明确指出了计算机科学与法律之间的密切联系。他使用了法律计量学(jurimetrics)这一名词,来指代一条受计算技术启发的研究法律的新路径[43]。在众多的先行者中,我尤其想提及的是意大利国家研究委员会①(National Research Council of Italy)。20世纪80年代,该委员会以"逻辑、信息学与法律"("Logica, Informatica e Diritto"②)为主题组织了一系列会议。首届会议是在1981年召开,第二届是在1985年,最后一届则是在1989年。而就在同一时期(即20世纪80年代末期),国际人工智能与法律协会成立,其目标是在国际层面支持和推动法律人工智能的发展。

---

① 通过其下的法律信息研究所(Institute of Legal Informatics)开展活动。该研究所在最近数十年间几易其名,最初被称为"法律文献学研究所"(IDG),后来更改为"法律信息理论与技术研究所"(ITTIG),现定名为"法律信息学与司法系统研究所"(IGSG)。

② 英文为"Logic, Informatics and Law"。

二、人工智能的寒冬

20世纪80年代，法律人工智能研究先驱们是在所谓的人工智能寒冬（AI-Winter）中开展其最初研究的，如图1所示。而整个80年代正在经历人工智能的寒冬，人工智能的发展被一种普遍不信任之感所笼罩。

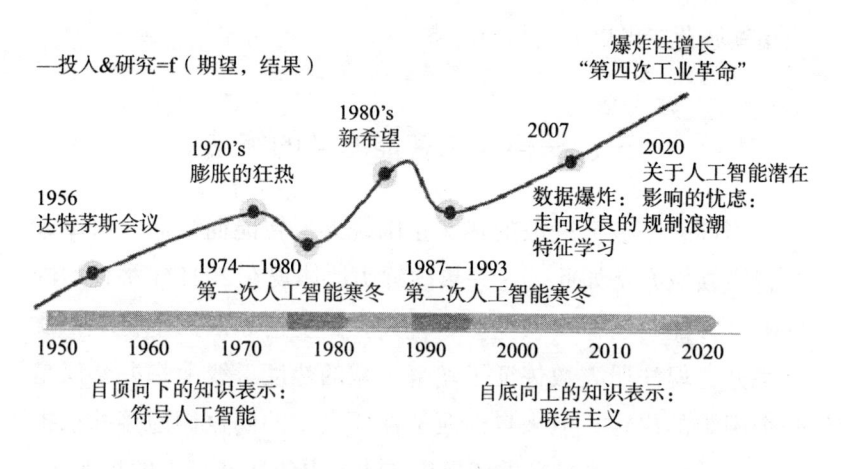

```
—投入&研究=f（期望，结果）                爆炸性增长
                                         "第四次工业革命"
         1970's          1980's
         膨胀的狂热       新希望     2007
                                         2020
   1956                                   关于人工智能潜在
   达特茅斯会议                            数据爆炸：   影响的忧虑：
                                         走向改良     规制浪潮
                                         特征学习
         1974—1980       1987—1993
         第一次人工智能寒冬 第二次人工智能寒冬

1950  1960  1970  1980  1990  2000  2010  2020

      自顶向下的知识表示：        自底向上的知识表示：
      符号人工智能                联结主义
```

图1 人工智能的历时演进

引发这种不信任的原因有许多。首先，理论性研究仅在有限范围内实现了实验性应用，而表征和维护必需信息量的成本和复杂性，使得人工智能难以在真实场景中获得扩展性应用。其次，人们很快便发现不是所有的信息都能用符号的形式表达，例如，视觉信息就不在其列。再次，为管理亚符号（sub-symbolic）信息而做的诸多尝试（以第一批联结主义模型为例），则与此种计算结构的局限格格不入。例如，罗森布拉特的"感知机"（Rosenblatt's perceptron）[64]就在经典的异或问题（XOR problem）上陷入困境[49]。基于以上原因，相比于"人工智能"这一个名词，其他更为特定的术语更受青睐。这些术语用以表达那些受人类智慧某些功能的启发，存在于演绎性与解释性自动化进程中的特定环节。人们往往将它们称为信息检索（Information Retrieval）、模式识别（Pattern Recognition）、专家系统（Expert Systems）、概率推理（Probabilistic Reasoning），等等。这些术语也许不那么引人遐想，但它们的目的就是只在某些应用领域营造出更为克制的期望。

三、法律人工智能寒冬的终结

当前，一波又一波的热潮正围绕人工智能而兴起，法律人工智能领域亦是如此。这一热潮鲜明地体现在2021年举行的国际人工智能与法律会议上。尽管大会因疫情原因而不得不在线上举办，但注册人数佐证了丝毫不减的热度。线上举办会议是一个困难的决定，但来自巴西圣保罗大学的同僚们迎接并承担了这一挑战，并将目光重新聚焦在线上渠道所能带来的机遇上。会议参与的各项统计数据表明，组织者们赢得了这一项挑战：约有500人参加了会前活动，约1380人次参与主体会议，大会共设置11个工作坊，共接收89篇论文。

会议的成功并非朝夕之功，而是日积跬步以至千里的结果。按照索恩·麦卡蒂（Thorne McCarty）①的说法，法律人工智能的研究分别受理论与实践的驱动，并沿着这两个不同的方向取

---

① 国际人工智能与法律协会第一任主席。

得了突出的进展[47]。就理论方向而言，其目标是通过计算模型与技术的运用，更好地理解法律推理与法律论辩的过程。而实践方向的目标则是构造智能的法律信息系统，以支持和辅助法律从业人员、决策人员和普通民众[47]。

基于以上，麦卡蒂进一步指出，过去数年间代表了法律人工智能领域的典型研究问题为：法律推理能在多大程度上化约为基于规则的推理？实现基于案例的推理的可能性有多大？建构法律论证的计算理论是可能的吗？[47]

根据麦卡蒂的观点，解决以上问题的一种可能方案是，根据相关领域的"深度概念模型"来开发系统[46]。他把开发法律推理计算模型的主要障碍总结为知识表示的难题[47]。为此，他在1989年度的国际人工智能与法律会议上发表了一篇题为《一门面向法律话语的语言》（A Language for Legal Discourse）的论文，强调亟需开发出一门有能力表示概念、状态、事件、行为与所有道义模态的语言。

另一方面，特雷弗·本奇卡鹏（Trevor Bench-Capon）则认为，对于绝大多数实践应用来说，智能信息系统无须依赖"深度概念模型"[10]。在本奇卡鹏看来，专家系统可以建立在对法律本身的形式化和对规则的忠实表示之上[10]。这种方式通过引入同构（Isomorphism）这一关键概念，启发了法律人工智能的诸多后续研究。二十年后，本奇卡鹏与汤姆·戈登（Tom Gordon）合著论文《同构与论辩》（Isomorphism and Argumentation）[12]，使上述概念获得新的运用。此外，本奇卡鹏在1993年写了另一篇有趣的文章，以完善"同构"概念。论文旨在通过实验演示，仅在给定一个已决案件集合的前提下，提取出法律判决的内在理由[11]。

表面上看，以上两种方案似乎彼此对立，但在我看来是相互补充的，因为它们分别着眼于两种不同的视角：一种是基于规则的推理（rule-based reasoning）或称知识系统（knowledge system）的视角；另一种是基于案例的推理（case-based reasoning）或称数据系统（data system）的视角。这两种视角代表了之后数十年法律人工智能的研究方向，并为终结法律人工智能领域的寒冬奠定了基础。

实际上，在知识系统这一个方面，许多相关工作在之后几年推广开来，包括基于"开放结构"概念（"open-textured"concept）的法律推理、非单调/可废止的推理[39][38][3]、基于规则的可废止推理[36]、基于案例的法律推理[2]、非单调推理中的规则偏好、对抗式法律推理（adversarial legal reasoning）模型[57][56]、道义逻辑[65][30]。其他相关工作还包括法律论辩理论[69]、当事人间的对话（dialogues）、规则与先例分析、法律论证中的说服与价值、论辩型式[7]、论证与故事（arguments and stories）[13]。近来，人工智能的伦理面向与可解释的人工智能等工作也获得了许多关注[8][4]。

另一方面，数据系统研究也在过去数年间发展迅速[23][25]，与之相伴的是联结主义模型在法律领域的成功应用[19]、法律信息检索与电子发现（eDiscovery）[24]、法律文本语义标注[17][34]、论证抽取（argument extraction）[50]、法律预测[66]、法律文本摘要[14]、法律网络分析（legal network analysis）[58]、定量推理[41]。就数据系统本身而言，时兴的深度学习方法被认可[48][26]，则代表了一种已经得到确认的现实，这为面向法律领域的机器学习和人工智能服务开辟了新领域。

首次尝试将"基于案例"的系统与"基于规则"的系统进

行融合的,是凯文·阿什利(Kevin Ashley)与埃德温娜·里斯兰(Edwina Rissland)的研究。两位学者的研究利用基本逻辑以及待决案件与类似先例之间的相关相似性与差异性的概念,解决了运用案例和假设进行推理的问题[61][5]。他们尤其强调先例在法律论证与假设中的角色,并结合规则与案例,解决基于案例的推理问题[62][63]。卡尔·布兰廷(Karl Branting)也遵循了类似的混合路径,通过结合规则与结构化的案例,来判断并证立给定事实集合的法律后果[21]。

知识系统与数据系统的结合,尤其是法律领域中基于规则的系统与基于案例的系统的结合,则是在近期通过"论证系统"这一概念完成理论化的。"论证系统"是巴特·维赫雅(Bart Verheij)在2019年度国际人工智能与法律会议的主席演讲中所阐述的观点。该系统关注的焦点在于混合式批判讨论(hybrid critical discussion),即"在讨论中建构不同的假设视角并进行评估,直至发现一个好的答案"。维赫雅是在开发混合式批判讨论系统的意义上,谈论和阐释"作为法律的人工智能"(AI as Law)。

四、在法律人工智能的盛夏中

人工智能界,尤其是法律人工智能界所开展的研讨及其产生的数量可观的研究成果,带我们走出了人工智能的寒冬,并引领我们走向法律人工智能的一个新时代。这一新时代以人们对人工智能的具体期望与崭新认识为特征。当然,以往的教训告诉我们,尽管大量的理论研究成果都围绕符号和亚符号(或联结主义)人工智能而产生,但相关大规模应用的数量却十分有限。因此，有理由追问其背后的成因。在我看来，该现象的症结在于人工智能与知识（AI and Knowledge）之间的严格关系（strict relations）和依存关系。

伊莱恩·里奇（Elaine Rich）与凯文·奈特（Kevin Knight）指出，人工智能在开始的十年所得到的研究结论是："智能需要知识"[60]。除了智能与知识之间的不可分割性，知识还有许多难以把握的特质。例如，知识浩如烟海，难以被准确刻画，并且时常处在变化中；另外，与数据不同，知识需要语义上的组织[60]。

在我看来，人工智能寒冬的一个主要原因在于可用的知识不足。然而，随着人工智能与万维网在20世纪90年代的结合，改变开始发生。自建立以来，万维网就被证明是用于知识创造与知识分享的最佳载体。一方面，正是得益于数字格式下可获取的海量信息，万维网成为创建人工智能系统的关键组成部分；另一方面，互联网与万维网均需要高级的人工智能应用来管理与选择信息。鉴于此，除了算法与技术的自然演进之外，人工智能与万维网的邂逅，成为终结人工智能寒冬的决定性因素，并为研究人工智能系统增添了新动力。

正是在这一背景下，人工智能紧随万维网的步伐而不断演进。尤为重要的是，万维网时代的标志就是语义网，或称万维网3.0。语义网（万维网3.0）指的是一种数据、对象与智能体都在语义上互通的环境。语义网代表了一种迁移知识（adaptive knowledge）环境，由"智慧数据"构成。这一环境对于开发人工智能系统来说不可或缺。知识无非就是数据与语义，因而知识存在于语义网中，代表了人工智能系统的基础架构。

同时，语义网上获取的知识对法律人工智能领域也很重要。

事实上，语义网通过法律知识表示、法律推理与法律论辩模型、规划与可解释性，为自顶向下研究法律人工智能提供了知识模型。此外，语义网还通过机器/深度学习、面向基于规则或者基于案例系统的自然语言处理技术、论证挖掘、法律信息发现与检索，为自底向上研究法律人工智能提供了数据，尤其是智慧数据[34][44][55][42][9]。

当前，我们显然已身处人工智能尤其是法律人工智能的盛夏，拥有开发智能系统的众多契机。促成这一盛况的条件之一，便是作为人工智能基础架构的语义网的日渐成熟。事实上，语义网不仅为知识表示系统提供了语言，也为智能应用提供了智慧数据。除此之外，从法律人工智能研究界的争议可以看出，智能法律信息系统的研发需要法律知识模型、用于描述法律规则的语言、用以激活法律规则与法律推理的特定逻辑计算复杂性（logic profiles）①之内的算法，以及智慧数据。而这些恰恰属于语义网的内容：语义网代表的是一种法律人工智能的知识架构，为法律知识表示提供标准与语言，为自主法律智能体提供智慧数据，使之模仿智能行为，并推动机器学习方法的发展，使之能够将法律表示为代码。这些是推动人工智能在法律领域获得大规模应用的先决条件。

在此背景下，一系列研究围绕上述主题展开[22][20]。凯文·阿什利特别指出本体对于类比式法律论证的重要性[6]。在类比式法律论证中，本体可用于支持在问题与案例间进行基于案例的比较、区分深层与浅表类比，以及提出或者检验假设

---

① 根据原作者的释义，此处的 profile 特指用于知识表示与推理的特定语言的计算复杂性。——译者

（即假设推理）。

（一）我的研究场景

这也构成了我的研究场景。我期望将法律规则表示为代码，也就是那些可以在语义网中计算的规则。我研究中的大部分工作都是围绕两个抽象层次表示法律规则而展开。第一个层次是一套在词汇与句子中组织起来的符号集合，用以创设规范性陈述（normative statements），这一套符号集合通常称为条款（Provisions）[59][15]；第二个层次是前述规范性陈述被应用时的意义（the meaning for application），通常称为规范（Norms）[40][45]。

因此，依照抽象层次的不同，条款及相关的规范也具有不同的角色与属性。一方面，作为纯粹的文本对象，一项条款代表的是整个法律秩序的基本构成要素，可以并入、脱离甚至修改法律秩序本身。另一方面，一条规范则表达一项法律规则在一个真实场景上的应用性解释，并可以对真实世界施加限制，例如以设定义务的方式来施加限制。使用语义网技术，如图2所示，条款的建模是通过条款模型完成的。条款模型可用来实现模型驱动的立法起草方法[18][16][1]、经由机器学习与自然语言处理的法律文本语义标注[17][34]、高级的法律信息检索与推理（如霍菲尔德式推理）[29][30]、法律文本汇编[52][53]。在语义网框架下，规范的建模则是通过本体、本体类、属性与个体，以及对本体属性施加的限制以表达道义规则提出的约束，如图2所示。这种建模可用于合规性检查（legal compliance checking）以及运用逻辑蕴涵的推理[32][31]。

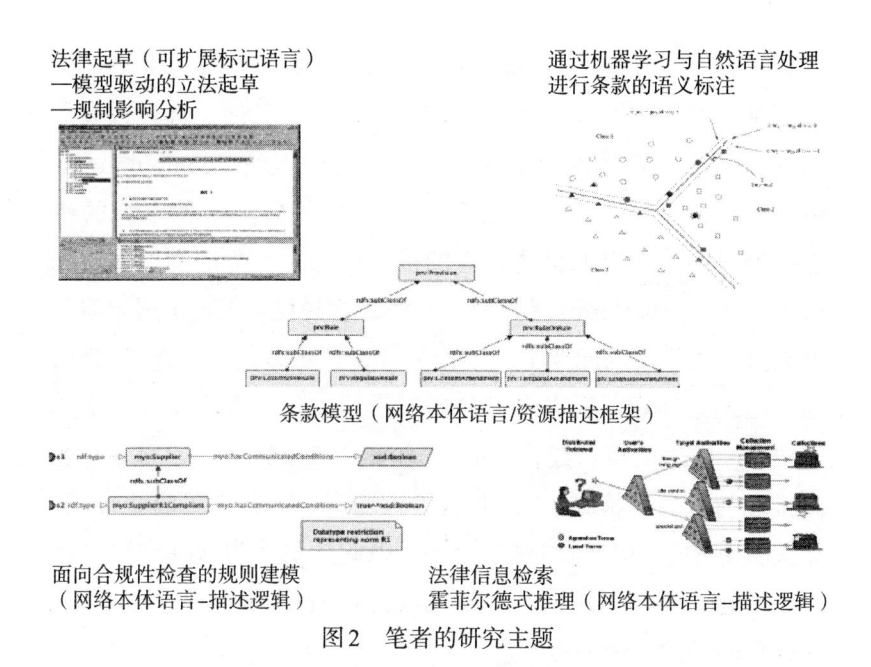

附录：法律人工智能的寒冬、盛夏与夏日畅想

法律起草（可扩展标记语言）
—模型驱动的立法起草
—规制影响分析

通过机器学习与自然语言处理进行条款的语义标注

条款模型（网络本体语言/资源描述框架）

面向合规性检查的规则建模
（网络本体语言-描述逻辑）

法律信息检索
霍菲尔德式推理（网络本体语言-描述逻辑）

图 2　笔者的研究主题

我认为该场景下最重要的一个相关研究问题，是识别在一个描述逻辑框架内实现法律推理的充分条件，例如使用网络本体语言-描述逻辑（OWL-DL）的框架，以及描述逻辑-规则（DL-Rules）与 DL-safe [①] 规则（DL-safe Rules）框架。需要解决的典型问题包括：标准/时态道义逻辑、非单调/可废止推

---

① DL-safe Rules 是一个特殊的描述逻辑规则，其中 DL 即正文中的"描述逻辑"，而"DL-safe"则是一个技术性条件。一个规则 r 是 DL-safe 的，是指 r 的规则体（rule body）中的任意变量都必须以非 DL-atom 的形式出现（DL-atom 则是描述逻辑语言中的一种特殊表达式）。一个程序 P 是 DL-safe 的，是指它的所有规则都是 DL-safe 的。加入这个条件是为了解决一个网络本体语言-描述逻辑下的知识库 KB 与一个程序 P 之间在一致性问题上的不可判定性。这些技术定义及其目的，参见 Boris Motik, Ulrike Sattler and Rudi Studer: Query answering for OWL-DL with rules, in S. A. McIlraith, D. Plexousakis and F. van Harmelen (eds.) The Semantic Web–ISWC 2004, Springer, 2004, pp. 553-555. ——译者

理、论辩型式（argumentation scheme）。在一个描述逻辑框架内识别法律知识建模与法律推理的那些充分条件，将容许我们确保待解决问题的可判定性与计算的易处理性（computational tractability），并依赖一个已确立的推理代数。这种方式的优点是有可能对现有的描述逻辑的推理机进行充分的利用，比如 Pellet[①]、Racer[②]、HermiT[③]。另一方面，这些技术很难扩展到涉及大数量、大维度的问题上。不论怎样，这更多是一个技术问题，而不是理论问题。我在自己的研究中使用描述逻辑（即网络本体语言-描述逻辑）建模了特定的法律推理类型（如霍菲尔德式推理与合规性检查），证明这种进路有能力处理可废止推理。相关文献中也有其他实例[68][35]，因此，我认为这种进路可以被一般化，而知识建模的质量就成为在描述逻辑框架下应对法律推理问题的一个关键要素。

（二）机遇

身处当下的法律人工智能盛夏，并且伴随语义网的大规模发展，我们拥有一些机遇，去充分利用急剧增长的数据，如图3所示。因此，我们的目标在于，通过结合自顶向下和自底向上的研究路径，抓住下一波数据浪潮的机遇。这在本质上意味着，一方面要使用语义网标准来建模知识，以及使用推理工具进行法律推理，另一方面则要将机器学习或者深度学习等技术应用于法律知识抽取，并在既有的基准对照下，采用智慧数据进行

---

① https://github.com/stardog-union/pellet
② https://www.ifis.uni-luebeck.de/ moeller/racer/
③ https://github.com/phillord/hermit-reasoner

系统评估。

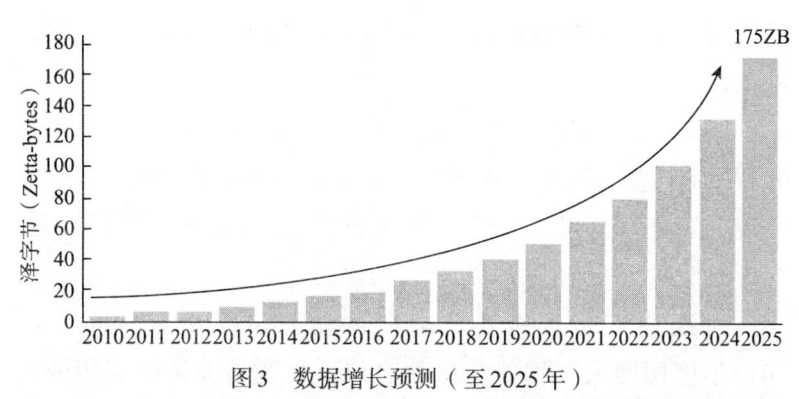

图3 数据增长预测（至2025年）

来源：《数据时代2025》，由希捷公司（Seagate）与国际数据公司全球数据圈（IDC Global DataSphere）提供的数据赞助，2018年11月

从政治的角度看，正如近来欧盟委员会在《人工智能白皮书》（White Paper On Artificial Intelligence）所指出的，欧盟各大机构高度支持人工智能的发展[28]。欧盟委员会在公布的文件中均鼓励和促进卓越性的创造，推动建立可结合欧盟、成员国与私人三方投资的测试中心，塑造人工智能、数据和机器人技术（robotics）上的新型公私伙伴关系，以及通过公共部门推行人工智能。欧盟委员会的终极目标是构建一个关于信任的生态系统，也就是构建一个面向人工智能的规制框架，内容涉及数据保护、隐私保护、非歧视等。

欧盟委员会尤其致力于创设欧盟开放数据云，而"塞拉"（Cellar）[①]数据仓储库是其基石之一。"塞拉"是欧洲链接开放数据的主要仓储库，它以欧盟法律为中心，由欧盟委员会出版署管理。另外，欧盟委员会最近发布了"欧盟开放数据门户"

---

① "Cellar"原本亦有"地窖、酒窖"之义。——译者

（European Union Open Data Portal）[①]的新版本，随后还将启动"欧盟议会开放数据门户"（European Parliament Open Data Portal）[②]。

紧随欧盟机构的步伐，法律科技公司与初创企业也在不同领域掀起了新一轮的发展浪潮，这些领域包括智能合约、电子发现、安全与合规、文档管理与分析、商业智能、案例管理、工作流工具、法律研究、办公自动化。

而这些正是理查德·萨斯坎德（Richard Susskind）在2017年度国际人工智能与法律会议上作邀请演讲时展望的场景。萨斯坎德在《明日的律师》（*Tomorrow's Lawyers*）[67]一书中，强调"法律机构与律师"将如何"在接下来的二十年内发生比过去两百年间更为激烈的转变"。凯蒂·阿特金森（Katie Atkinson）也在这场大会的主席演讲中表述了同样的概念，她注意到"大量的律师事务所都对我们的研究所能提供的东西颇为关注"。

五、在人工智能的盛夏畅想

已有的研究一致将万维网的下一次演变界定为万维网4.0（Web 4.0）。其中，自主软件智能体不仅可以实现彼此间的互动（机器与机器的交互），也可以与人类在一种共生关系中进行交互（即人类与机器的交互）。基于此，有些研究者把万维网4.0定义为共生万维网（Symbiotic Web）。而那些使软件智能体

---

① https://data.europa.eu
② 其域名是：https://data.europarl.europa.eu。

有能力管理相关信息并与人类交互的环境,则被称为语用万维网(Pragmatic Web)。语用万维网代表了万维网4.0的一个特定方向,即一种实践与理论的集合,人们根据该集合,将从万维网上获取的信息用于社会互动、知识分享及参与[70][71]。这个场景使得开发能处理结构化数据的定制化软件成为可能。例如,根据用户画像与个性化需求,软件智能体可以在最恰当的时间以最低价格订购机票,并在退票时用一种最优的替代性方案保护消费者的利益。类似地,一个定制化的软件智能体也可根据用户个体化的金融风险等资料,筛选出最有趣的新闻或者进行最佳经济投资。在这一场景下,当每一个对象都可以通过统一资源标识符(URI)而在万维网上被唯一地识别时,特定的软件智能体就可以针对对象与人类间的互动进行管理。一个典型的例证就是自动驾驶汽车。自动驾驶汽车已经提供了驾驶辅助,并且会在不远的未来拥有集成的功能体系,纳入如用户日程在内的个人资料,以便根据预约事项更好地规划路线。法律从业人员甚至也会深受万维网革命的高度影响。例如,法律规范的搜索与检索可以直接通过智慧智能体完成。智能体包含了待决案件的相关知识和调整该案件的法律。正如在万维网3.0中法律渊源被表示为机器可理解的格式一样,在万维网4.0中,总体上,将没有什么能够阻碍我们去设想这样一种场景:一个智慧的智能体可以像人类法官一样,在拥有了个人资料、案件与相关法律知识后,具备就特定争议做出最终裁决的功能。这个场景也许会让人觉得不安,尤其当我们认为一个自动法官是否能被开发出来,其实应当属于另一个更一般化问题的一个部分。这个一般化问题指的是,是否存在一种算法,一种人工智能,能够成功取代人类的法律推理。这一个问题又是另一个更宏大问题的特例,后者是指人工智能是否最终能够替代人类智能。

人工智能的研究,至少就人工智能的最强解释(也即尝试完全复刻人类大脑的功能),必须应对人脑模型带来的限制与机遇。人脑模型对一个学科的特征进行了限定,即大脑既是研究的出发点也是研究对象本身。这将赋予人工智能系统研究一种递归的品性(a recursive virtue),并带来令人惊讶的后果。

第一个后果与所谓的"汉斯·莫拉维克假说"(Hypothesis of Hans Moravec)相关。莫拉维克是卡内基·梅隆大学机器人学院(Robotic Institute of Carnegie Mellon University)的教授,他在其著作《心智的后代:机器人与人类智能的未来》(*Mind Children. The Future of Robot and Human Intelligence*)[1][51]中首次提出了前述假说。在莫拉维克教授看来,存在一个人类等价时刻 T_0,也就是人工智能能够达到与人类心智同等复杂性与力量的水平,以至于难以区分二者。这是许多科幻小说所预期的场景,正如菲利普·迪克(Philip Dick)的小说[27][2]以及在其基础上改编的电影《银翼杀手》(Blade Runner)所描绘的那样。然而一个悖论是,如果这种不可区分的场面真的发生,那么人

---

[1] 在该书序言中,莫拉维克类比自然出生的后代(natural children),将机器(machine)描绘为"children of our minds",也即人类心智的后代,且带有通常"children"所指的"小孩"意味,比喻它们未来将自由地生长并达到与人类心智同等的复杂性,甚至超越人类所知的一切。参见 Hans Moravec: *Mind Children. The Future of Robot and Human Intelligence*, Harvard University Press, 1990, p.1。——译者

[2] 菲利普·迪克是《仿生人会梦见电子羊吗?》(*Do Androids Dream of Electric Sheep?*)一书的作者(中译本见〔美〕菲利普·迪克:《仿生人会梦见电子羊吗》,许东华译,译林出版社2013年版)。该书是本文作者引注所指的文献。《银翼杀手》是根据该小说拍摄的经典科幻电影。——译者

工智能的研究将在时刻T_0化为空集$[\exists T_0 \Rightarrow \mathrm{AI}(T_0)=\emptyset]$。在法律领域,这个场景实际上诱发了这样一种可能性,即一部机器基于演绎性规则、事实与范畴,便能达到人类法律推理的复杂性水平,直至取而代之。但这个视角并不是没有问题的。例如,人类法官只是通过演绎类型来论证的吗?此外,情感在决策中扮演着什么角色?一个情感中立的数字法官会比人类法官更加公正吗?

事实上,许多学者认为莫拉维克假说及其引发的场景永远都不会发生。这并非是纯粹地出于技术上的理由,因为呈指数级加速的计算机算力看起来反而是这种场景的预言,而更多的是出于逻辑上的,或者说是哲学上的理由。这些问题并不只是在法律和决策的自动化领域有价值,它们同时也属于"人类智能的本质"这一系列更为宽泛问题中的一部分。例如,一个人是如何区分真与假的?决策是怎样做出的?情感在决策中的角色是什么?或者,人类心智具有算法属性吗?

牛津大学数学学院的罗杰·彭罗斯(Roger Penrose)教授为上述问题给出了有启发的回答,并质疑了莫拉维克假说实际发生的可能性。他的结论建立在对库尔特·哥德尔(Kurt Gödel)著名的"不完全性定理"(Theorem of Incompleteness)[37]的一种特别解释上。该定理成为刻画形式逻辑系统的一座无可争议的里程碑。简单来说,哥德尔定理指的是一个融贯(即无冲突)的规则系统必然是不完全的,存在着不能被系统本身的公理来证明的真命题。这里所说的"不可证明的陈述"(non-demonstratable statement),就是指那些不能被自动推演出来的陈述。目前的计算机实际上仅仅是一套复现逻辑性(融贯性)思维规则的电路集合,因而,哥德尔定理对它也是有效的。正是由于计算机是一个不完全的系统，那么它就不能自动地推演出每一个陈述的真值。

以哥德尔定理为基础，彭罗斯推理的关键点建立在以下观察的基础上：与机器不同，人所辨识的事物之真（true）并不是自动推演出来的；易言之，人们是在猜测特定陈述的真值并创设相应的公理。这是人类心智与人工心智的分野。人类心智似乎调和了规则系统的融贯性与完全性，即人类心智在确保规则系统的融贯性（即无冲突）的同时，也猜测系统的完全性（即人类心智基于猜测公理为真而接纳公理）。一言以蔽之，人类心智会考虑自身的局限性，它被赋予了自我觉知（self-awareness），并由此成为哥德尔定理的例外！正基于此，彭罗斯认为，把人工智能说成是人类心智的自动复制品是有误导性的。实际上，这一误导性观点还存在把人类心智的种种复杂性，如良心、觉知（awareness）以及在许多方面仍然未知的直觉，等同于简单逻辑范畴的危险，从而罔顾人类心智中的创造性与创新空间。因此，彭罗斯用一句著名的格言总结他所提出的理论——"人类心智并不是算法性的"[54]，用以指明人类心智并不是一部图灵机。这就好比是说，智能在定义上就不能是"人工"的，因为智能需要感知，而感知是机器不具备的那种意识。

由此而自然产生的另一个问题是：未来的人工智能研究是否必须要应对情感、直觉，以及意识的自动生成。同样地，我们也可以追问自己，万维网作为人工智能的知识基础架构，在当下是情感中立的，但在将来是否必须管理情绪。在这一点上，有关未来万维网的研究文献一致认为，能够将人类-机器交互与机器-机器交互区分开来的一种基础设施，是万维网进化的下一个方向。事实上，当前万维网上的信息系统尚不能感知用户的情感，也无法给予相应的反馈。因此，将万维网5.0或称情感万维网（Emotional Web）看作是万维网下一步的演化方向，看起来就是一种相当迷人的预想。情感万维网会包容人类与机器的互动，将情感作为考虑的对象。在这一背景下，人类可以将自身的情感传达给系统，而系统也有能力感知并处理情感，并对人类的请求给出相应的反馈。

在这样一个场景下，法律将不会置身事外。不仅规则与事实，甚至情感也在人类－机器的交互中扮演着关键的角色。例如，正如当下人与人的交互中所发生的那样，自动化法官的裁决也可能受到情感方面的影响。此时，一位人类律师要如何才能说服一位自动化法官呢？

参考文献

1. Agnoloni, T., Bacci, L., Francesconi, E., Spinosa, P., Tiscornia, D., Montemagni, S., Venturi, G.: Building an ontological support for multilingual legislative drafting. In: Proceedings of the Jurix Conference, pp. 9-18 (2007)
2. Aleven, V., Ashley, K.: Evaluating a learning environment for case-based argumentation skills. In: Proceedings of the Sixth International Conference on Artificial Intelligence and Law, pp. 170-179. ACM Press (1997)
3. Antoniou, G., Dimaresis, N., Governatori, G.: A system for modal and deontic defeasible reasoning. In: Proceedings of the 2008 ACM Symposium on Applied Computing, pp. 2261-2265. ACM (2008). DOI http://doi.acm.org/10.1145/1363686.1364226
4. Arrieta, A.B., Díaz-Rodríguez, N., Ser, J.D., Bennetot, A., Tabik, S., Barbado, A., García, S., Gil-López, S., Molina, D., Benjamins, R., Chatila, R., Herrera, F.: Explainable artificial intelligence (xai): Concepts, taxonomies, opportunities and challenges toward responsible ai (2019)
5. Ashley, K.: Reasoning with cases and hypotheticals in hypo. International

Journal on Man-Machine Studies pp. 753-796 (1991)
6. Ashley, K.: "the case-based reasoning approach: Ontologies for analogical legal argument" in (2011). In: G. Sartor, P. Casanovas, M. Biasiotti, M. Fernández-Barrera (eds.) Approaches to Legal Ontologies, *Law, Governance and Technology Series*, vol. 1. Springer Dordrecht (2011)
7. Atkinson, K., Baroni, P., Giacomin, M., Hunter, A., Prakken, H., Reed, C., Simari, G., Thimm, M., Villata, S.: Toward artificial argumentation. AI Magazine 38(3), 25-36 (2017)
8. Atkinson, K., Bench-Capon, T.J.M., Bollegala, D.: Explanation in ai and law: Past, present and future. Artificial Intelligence 289 (2020)
9. B. Waltl, J.M., Glaser, I., Bonczek, G., Scepankova, E., Matthes, F.: Classifying legal norms with active machine learning. In: A. Wyner, G. Casini (eds.) Legal Knowledge and Information Systems - Proceeding of the JURIX Conference, pp. 11-20. IOS Press (2017)
10. Bench-Capon, T.: Deep models, normative reasoning and legal expert systems. In: Proceedings of the second international conference on artificial intelligence and law, pp. 37-45. ACM Press, New York (1989)
11. Bench-Capon, T.: Neural networks and open texture. In: Proceedings of the fourth international conference on AI and Law, pp. 292-297. ACM Press, New York (1993)
12. Bench-Capon, T., Gordon, T.: Isomorphism and argumentation. In: Proceedings of the twelfth international conference on artificial intelligence and law, pp. 11-20. ACM Press, New York (2009)
13. Bex, F.: An integrated theory of causal stories and evidential arguments. In: ACM (ed.) Proceedings of the 15th International Conference on Artificial Intelligence and Law, pp. 13-22 (2015)
14. Bhattacharya, P., Poddar, S., Rudra, K., Ghosh, K., Ghosh, S.: Incorporating domain knowledge for extractive summarization of legal case documents. Proceedings of the 18th International Conference on Artificial Intelligence and Law (2021)
15. Biagioli, C.: Modelli Funzionali delle Leggi. Verso testi legislativi autoesplicativi., *Legal Information and Communications Technologies Series*, vol. 6. European Press Academic Publishing, Florence, Italy (2009)

16. Biagioli, C., Cappelli, A., Francesconi, E., Turchi, F.: Law making environment: perspectives. In: Proceedings of the V Legislative XMLWorkshop, pp. 267-281. European Press Academic Publishing (2007)
17. Biagioli, C., Francesconi, E., Passerini, A., Montemagni, S., Soria, C.: Automatic semantics extraction in law documents. In: International Conference on Artificial Intelligence and Law, pp. 133-139 (2005)
18. Biagioli, C., Francesconi, E., Spinosa, P., Taddei, M.: A legal drafting environment based on formal and semantic xml standards. In: International Conference on Artificial Intelligence and Law, pp. 244-245 (2005)
19. Bochereau, L., Bourcier, D., Bourgine, P.: Extracting legal knowledge by means of a multilayer neural network application to municipal jurisprudence. In: Proceedings of the 3rd International Conference on Artificial intelligence and Law (1991)
20. Boer, A., Hoekstra, R., de Maat, E., Hupkes, E., Vitali, F., Palmirani, M.: Cen workshop agreement 'open xml interchange format for legal and legislative resources'. Tech. Rep. CWA 15710:2010 E, CEN European Committee for Standardization (2010)
21. Branting, L.K.: Building explanations from rules and structured cases. International Journal of Man-Machine Studies 34(6), 797-837 (1991)
22. Casanovas, P., Palmirani, M., Peroni, S., Engers, T.V., Vitali, F.: Semantic web for the legal domain: The next step. Semantic Web Journal 7, 213-227 (2016)
23. ceur.org (ed.): Proceedings of the Workshop on Automated Semantic Analysis of Information in Legal Texts (2015-2021)
24. Conrad, J.G.: E-discovery revisited: The need for artificial intelligence beyond information retrieval. Artificial Intelligence and Law (Special Issue on "E-Discovery") 18(4), 321-345 (2010)
25. Conrad, J.G., Zeleznikow, J.: The role of evaluation in ai and law: An examination of its different forms in the ai and law journal. In: Proceedings of the 15th International Conference on Artificial Intelligence and Law, pp. 181-186. San Diego, CA, ACM Press (2015)
26. Devlin, J., Chang, M.W., Lee, K., Toutanova, K.: BERT: Pre-training of deep bidirectional transformers for language understanding. In: J. Burstein, C. Doran, T. Solorio (eds.) Proceedings of the 2019 Conference of the

North American Chapter of the Association for Computational Linguistics: Human Language Technologies, NAACL-HLT 2019, vol. 1, pp. 4171–4186. Minneapolis, MN, USA, (2019)
27. Dick, P.K.: Do androids dream of electric sheep? New York: Ballantine Books (1996 (c 1968))
28. European Commission: On artificial intelligence - a European approach to excellence and trust
29. Francesconi, E.: A description logic framework for advanced accessing and reasoning over normative provisions. International Journal on Artificial Intelligence and Law 22(3), 291–311 (2014)
30. Francesconi, E.: Semantic model for legal resources: Annotation and reasoning over normative provisions. Semantic Web journal: Special Issue on Semantic Web for the legal domain 7(3), 255–265 (2016)
31. Francesconi, E.: Reasoning with deontic notions in a decidable framework. In: G. Peruginelli, S. Faro (eds.) Knowledge of the Law in the Big Data Age, *Frontiers in Artificial Intelligence and Applications*, vol. 317, pp. 63–77. IOS Press (2019)
32. Francesconi, E., Governatori, G.: Legal compliance in a linked open data framework. In: Legal Knowledge and Information Systems, pp. 175–180. IOS Press (2019)
33. Francesconi, E., Küster, M., Gratz, P., Thelen, S.: The ontology-based approach of the Publications Office of the EU for document accessibility and open data services. In: A. Kö, E. Francesconi (eds.) Proceedings of the 4rd International Conference on Electronic Government and the Information Systems Perspective, pp. 29–39. Valencia, Spain (2015)
34. Francesconi, E., Passerini, A.: Automatic classification of provisions in legislative texts. International Journal on Artificial Intelligence and Law 15(1), 1–17 (2007)
35. Gandon, F., Governatori, G., Villata, S.: Normative requirements as linked data. In: A. Wyner, G. Casini (eds.) Legal Knowledge and Information Systems - Proceeding of the JURIX Conference, vol. 302, pp. 1–10. IOS Press (2017)
36. Gardner, A.: An Artificial Intelligence Approach to Legal Reasoning. MIT

Press, 1987. MIT Press (1987)
37. Gödel, K.: Über formal unentscheidbare Sätze der Principia Mathematica und verwandter Systeme. Monatshefte für Mathematik und Physik I(30), 173-198 (1931)
38. Gordon, T.: Oblog-2: A hybrid knowledge representation system for defeasible reasoning. In: Proceedings of the First International Conference on Artificial Intelligence and Law (1987)
39. Gordon, T.: The importance of nonmonotonicity for legal reasoning. In: H. Fiedler, F. Haft, R. Traunmüller (eds.) Expert Systems in Law: Impacts on Legal Theory and Computer Law, pp. 111-126. Attempto-Verlag, Tübingen (1988)
40. Guastini, R.: Le Fonti del Diritto. Fondamenti teorici. Giuffrè, Milano (2010)
41. Lauristen, M.: On balance. Artificial Intelligence and Law 23(1), 23-42 (2015)
42. Lenci, A., Montemagni, S., Pirrelli, V., Venturi, G.: Nlp-based ontology learning from legal texts. a case study. In: P. Casanovas, M.A. Biasiotti, E. Francesconi and M.T. Sagri (Eds.), Proceedings of LOAIT 07 - II Workshop on Legal Ontologies and Artificial Intelligence Techniques, pp. 113-129 (2007)
43. Loevinger, L.: Jurimetrics: The next step forward. Minnesota Law Review 33 (1949)
44. de Maat, E., Krabben, K., Winkels, R.: Machine learning versus knowledge based classification of legal texts. In: Proceedings of the Jurix Conference: Legal Knowledge and Information Systems, pp. 87-96. IOS Press, The Netherlands (2010)
45. Marmor, A.: The Language of Law. 978-0-19-871453-8. Oxford University Press (2014)
46. McCarty, L.: Intelligent legal information systems: problems and prospects. In: C. Campbell (ed.) Data processing and the Law, pp. 125-151. Sweet and Maxwell, London (1984)
47. McCarty, L.T.: Artificial intelligence and law: How to get there from here. Ratio Juris 3(2), 189-200 (1990)
48. Mikolov, T., Sutskever, I., Chen, K., Corrado, G., Dean, J.: Distributed representations of words and phrases and their compositionality. In: Proceedings of the 26th International Conference on Neural Information

Processing Systems, vol. 2, pp. 3111-3119 (2013)
49. Minsky, M., Papert, S.: Perceptrons. The MIT Press (1969)
50. Mochales Palau, R., Moens, M.F.: Argumentation mining: the detection, classification and structure of arguments in text. In: Proceedings of the Twelfth International Conference on Artificial Intelligence and Law, pp. 98-109. ACM (2009)
51. Moravec, H.: Mind Children. The future of robot and Human Intelligence. Harvard University Press (1988)
52. Ogawa, Y., Inagaki, S., Toyama, K.: Automatic consolidation of Japanese statutes based on formalization of amendment sentences. In: JSAI ' 07, pp. 363-376 (2007)
53. Palmirani, M.: Legislative change management with akoma-ntoso. In: G. Sartor, M. Palmirani, E. Francesconi, M.A. Biasiotti (eds.) Legislative XML for the Semantic Web: Principles, Models, Standards for Document Management, *Law, Governance and Technology Series*, vol. 4, chap. 7, pp. 101-130. Springer, Netherlands (2011)
54. Penrose, R.: The emperor's new mind: concerning computers, minds, and the laws of physics. Oxford University Press (1989)
55. Peters, W., Wyner, A.: Legal text interpretation: Identifying Hohfeldian relations from text. In: Proceedings of the 10th International Conference on Language Resources and Evaluation, pp. 379-384. European Language Resources Association (ELRA) (2016)
56. Prakken, H., Sartor, G.: A dialectical model of assessing conflicting arguments in legal reasoning. In: Logical models of legal argumentation, pp. 175-211. Springer, Dordrecht (1996)
57. Prakken, H., Sartor, G.: Argument-based extended logic programming with defeasible priorities. Journal on Applied Non-Classical Logics 7(1-2), 25-75 (1997)
58. R. Winkels, J.d.R.: Survival of the fittest: Network analysis of Dutch supreme court cases. In: International Workshop on AI Approaches to the Complexity of Legal Systems, pp. 106-115. Springer, Berlin, Heidelberg (2011)
59. Raz, J.: The Concept of a Legal System. Oxford University Press (1980)
60. Rich, E., Knight, K.: Artificial Intelligence. Second Ed, Tata McGraw Hill

(1991)
61. Rissland, E., Ashley, K.: A case-based system for trade secrets law. In: Proceedings of the First International Conference on Artificial Intelligence and Law, pp. 60–66. ACM Press (May 1987)
62. Rissland, E., Skalak, D.: Combining case-based and rule-based reasoning: a heuristic approach. In: Proceedings of 11th International Joint Conference on Artificial Intelligence, pp. 524–530. Morgan Kaufmann, CA (1989)
63. Rissland, E., Skalak, D.: Cabaret: statutory interpretation on a hybrid architecture. International Journal on Man-Machine Studies 34(6), 839–887 (1991)
64. Rosenblatt, F.: The perceptron: A probabilistic model for information storage and organization in the brain. Psychological Review 65(6), 386–408 (1958)
65. Sartor, G.: Fundamental legal concepts: A formal and teleological characterisation. Artificial Intelligence and Law 14(1-2), 101–142 (2006)
66. Savelka, J., Westermann, H., Benyekhlef, K., Alexander, C.S., Grant, J.C., Amariles, D.R., Hamdani, R.E., Meeùs, S., Troussel, A., Araszkiewicz, M., Ashley, K.D., Ashley, A., Branting, K., Falduti, M., Grabmair, M., Harašta, J., Novotná, T., Tippett, E., Johnson, S.: Lex rosetta: transfer of predictive models across languages, jurisdictions, and legal domains. In: ACM (ed.) Proceedings of the Eighteenth International Conference on Artificial Intelligence and Law, pp. 129–138 (2021)
67. Susskind, R.: Tomorrow's Lawyers. ISBN 9780198796633. Oxford University Press (2017)
68. van de Ven, S., Breuker, J., Hoekstra, R., Wortel, L.: Automated legal assessment in owl 2. In: I. Press (ed.) JURIX 2008: The Twenty-First Annual Conference on Legal Knowledge and Information Systems,, pp. 170–175 (2008)
69. Walton, D.: Fundamentals of critical argumentation. Cambridge University Press, Cambridge (2006)
70. Weigand, H., Arachchig, J.J.: Value network analysis for the pragmatic web: A case of logistic innovation. In: I-Semantics. ACM (2010)

71. Weigand, H., Paschke, A.: The pragmatic web: Putting rules in context. In: A.G.e. A. Bikakis (ed.) Rules on the Web: Research and Applications (RuleML 2012), *Lecture Notes in Computer Science*, vol. 7438. Springer, Berlin, Heidelberg (2012)

图书在版编目(CIP)数据

欧洲一体化技术：立法标准驱动下法律信息系统的互联互通/(意)恩里科·弗朗西斯科尼著；黎娟，许天问译.—北京：商务印书馆，2024
（法律与科技译丛）
ISBN 978-7-100-22487-1

Ⅰ.①欧⋯　Ⅱ.①恩⋯②黎⋯③许⋯　Ⅲ.①法律—信息系统—研究—欧洲　Ⅳ.①D95

中国国家版本馆CIP数据核字（2023）第091370号

权利保留，侵权必究。

法律与科技译丛
欧洲一体化技术
——立法标准驱动下法律信息系统的互联互通
〔意〕恩里科·弗朗西斯科尼　著
黎　娟　许天问　译

商 务 印 书 馆 出 版
（北京王府井大街36号　邮政编码100710）
商 务 印 书 馆 发 行
北京冠中印刷厂印刷
ISBN 978-7-100-22487-1

2024年2月第1版　　　开本 880×1230　1/32
2024年2月北京第1次印刷　印张 7⅝

定价：68.00元